MAX MERKEL

MAN MUSS AUCH VERLIEREN KÖNNEN

Max Merkel

Man muß auch verlieren können

Vom Tennis und anderen Ärgernissen

Co-Autoren
Herbert + Maria Christian

HERBIG

Alle Abbildungen aus dem Archiv des Autors

Umschlaggestaltung: Christel Aumann, München
Umschlagfoto: Sammy Minkoff, München
Herstellung: VerlagsService Dr. Helmut Neuberger
und Karl Schaumann GmbH, Heimstetten
Satz: Filmsatz Schröter GmbH, München
Gesetzt aus: 11/13.5 Century Schoolbook
auf Linotronic 300
Druck: Jos. C. Huber KG, Dießen
Binden: R. Oldenbourg, München
Printed in Germany
ISBN 3-7766-1648-2

Inhalt

Bitte noch ein Buch, Herr Merkel!

(Aufzeichnung eines Telefon-Gespräches
zwischen M. M.
und seinem Co-Autor h. m. christian)

Hallo Max, wie geht's?«
»Christiano, ich grüße dich. Wie soll's gehen? Besch . . ., die Post kannst wegschmeißen, seit Tagen kein Scheck, wie abgerissen.«
»Max, der ›Pent-Boy‹ will ein Interview, deine neuen Pläne nach dem großen Bucherfolg von ›Das Runde ist der Ball‹.«
»Meine Pläne? Ich such' ein Bergwerk, wo's jede Menge Kohle gibt. Christiano, kennst schon den Witz von den zwei nackten Hasen im Swimming-Pool? . . . Was ist denn, Marion? Was heißt, ich denk' immer nur an so was? Der Christian macht ein Interview, der braucht ein bisserl Pfeffer. Eine ›Pent-Boy‹-Story? Okay, aber die lassen dich ja nirgends mehr hinfliegen. Früher hat es Hawaii sein können, heute mußt dir die S-Bahn-Karte von Putzbrunn nach München selber zahlen. Wie wär's mit 'ner Fernseh-Serie? Etwas Belehrendes im Nacht-Programm, vielleicht

›Sex für die Hausfrau‹? Ach so, das macht schon die Erika Berger im RTL-Plus... Marion, wie soll ich telefonieren, wenn du mir immer dreinredest, ich hab' ja keine vier Ohren. Was sagst, Christiano, die Idee ist nicht realisierbar, mit Erotik identifizieren meine Fans mich nicht? Okay, streichen wir den Sex, mach' ma was mit Fußball draus. Ich erkläre den Damen die Regeln: Wenn Ihr Mann vor dem Fernseher hochspringt und mit Schaum vor dem Mund ›Abseits‹ brüllt, meint er damit nicht, daß er fremdgeht, sondern ... ist auch nix?
Was, der Verlag will ein neues Buch? Die sollen das alte verkaufen, da gibt's ohne Arbeit Zaster, sag das dem Doktor Fleißig...«
»Fleissner, Max, Doktor Fleissner...«
»Okay, was will er? Geschichten aus meinem Privatleben? Da gibt's keine Geschichten, nur Ärger. Zum Beispiel beim Tennis. Glaubst, daß ich in der Saison auch nur einmal gegen den Novatschek gewonnen hätte? Was sagst du...? Gut, man muß auch verlieren können. Über was ich mich noch ärgere? Über meine Frau, meine Tochter, den Hund, die Nachbarn... Christiano, wie geht's weiter, ich muß jetzt zum Flugplatz, nach Hamburg, Bayern gegen den HSV, da werde ich mich vielleicht wieder ärgern... Das Buch? Zerbrich dir den Kopf über Titel und was drin stehen soll, ich kann ja nicht alle Ideen selber haben... Servus.«

Hier die gestraffte Fassung des »Pent-Boy«-Interviews mit Max Merkel: »Zur Zeit arbeite ich, nach dem großen Erfolg meines letzten Werkes, ›Das Runde ist der Ball‹, an einem neuen Buch. Titel: ›Man muß auch verlieren können‹. Thema: ›Vom Tennis und anderen Ärgernissen‹ – sollen wenigstens meine Fans was zum Lachen haben.«

Putzbrunn bei München,
im August 1990

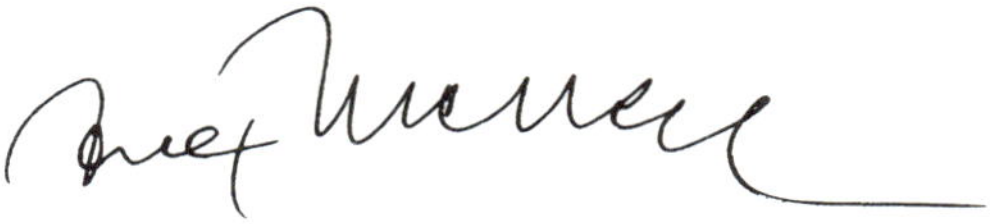

Der Novatschek läßt mich nie gewinnen

Haben Sie schon einmal mit dem Novatschek Tennis gespielt?
Nein? Sind sie froh! Ein unangenehmer Mensch, der Novatschek, keine Ahnung vom Tennis, den Schläger hält er wie eine Schaufel. Beim Aufschlag windet er sich wie eine Efeuranke zum Ball hoch, drischt drauf, du glaubst, jetzt gibt's ein Erdbeben, aber der Ball segelt wie ein flügellahmer Schmetterling übers Netz, macht beim Auffallen leise plop.
Meinen Return erläuft der Novatschek keuchend, mit letzter Kraft, über seine Plattfüße stolpernd. Bauch hat er auch, Schönheit ist er ohnehin keine, der Novatschek, aber auf dem Tennisplatz macht der Mensch wirklich eine unglückliche Figur. Ein Querulant, um jeden seiner Outbälle gibt es ein Geschrei: »Der hat die Linie noch berührt...« Der Typ weiß nie, wie das Spiel gerade steht, nur eines weiß er sicher, auf keinen Fall liegt er um drei Punkte zurück.
»Wollen Sie eigentlich Tennis spielen oder streiten?« hab' ich ihn das letztemal gefragt. Wie schon gesagt, ein unangenehmer Mensch, dieser Novatschek.

»Marion«, frage ich jeden Sonntag morgens meine Frau, »wo sind meine neuen Bälle? Der Novatschek wird sonst wieder mit seinen gezinkten Eiern spielen wollen.« Ich sage Ihnen, Geld und Nerven kostet mich der Novatschek.
Warum ich überhaupt mit so einem Menschen spiele? Der Mann drängt sich einfach auf. Montags um acht klingelt mich garantiert das Telefon aus dem Bett. »Hier Novatschek, Herr Merkel. Wie wär's nächsten Sonntag vormittag mit einem kleinen Match?«
Schlaftrunken stimme ich zu, lege kaum den Hörer auf, da schießt es mir siedend heiß hoch: »Schon wieder hast du ihm nicht das Götz-Zitat gesagt.« Verbittert lasse ich beim Frühstück zu meiner Frau den Satz fallen, mit dem der bayerische Räuberhauptmann Kneißl – auch an einem Montag morgen – unter das Fallbeil trat: »Die Woche fangt schon wieder gut an.«
Denn, falls ich es vergessen habe zu erwähnen: Der Novatschek gewinnt immer, meist im Tie-Break, mit einem Netzroller oder einem Lob, bei dem der Ball zuerst eine Verkehrsmaschine aus der Flugbahn zwingt, bevor er klatschend auf der Grundlinie landet, oder mit seinem Spezialschlag: Schlägerrahmen, Netzkante, Linie.
Aber jeden Sonntag morgen erhebe ich mich wiederum zähnefletschend: »Heute zeig' ich's dem Novatschek!« Dusche kalt, nehme ein Kraftfrühstück zu mir, mache Kniebeugen, jogge durch die Wälder von Putzbrunn, stehe um Schlag zehn, topfit, mit neubesaitetem Schläger fußscharrend meinem Erbfeind gegenüber. Dann lege ich los wie Boris Becker in seiner besten Zeit: Aufschlag,

Sturm ans Netz, Volley. Krach, Punkt! Keine dreißig Minuten vergehen, und es steht 5:1 für mich, bei meinem Aufschlag.

Und dann passiert das Unfaßbare, das immer passiert, wenn ich mich mit dem Novatschek auf ein Tennismatch einlasse: »Augenblick, Herr Merkel, wo ist bloß mein Schweißband?« Er kramt in seiner Tasche, findet's endlich, schiebt sich's an die Stirn, latscht steifbeinig zurück zur Grundlinie. Mein Aufschlag knallt ins Service-Eck. As! »Entschuldigen schon, Herr Merkel, aber ich war nicht ready«, sagt der Typ. Zwei Neue. »Ready?« schnaube ich. Klar wird's jetzt ein Doppelfehler.

Von da an geht's bergab. Novatschek sieht meine schönsten Punkt-Bälle »aus«, obwohl sie einen Meter »in« waren, meckert über die »lauten« Leute am Nebenplatz, verknackst sich im entscheidenden Game, bei 5:4 und 30:0 für mich, den Knöchel, hinkt erbarmungswürdig zur Bank, jammert herzzerreißend: »Oje, Herr Merkel, ich glaube das Bein ist gebrochen ...«, hinkt schließlich doch zur Grundlinie zurück, schlägt auf, schaufelt die Bälle mit schmerzverzerrtem Gesicht zurück, bis ich ihm vor lauter Mitleid keinen Stop, Lob, Cross mehr spiele und es in Kürze 6:5 steht. Für Novatschek.

Ab jetzt wieselt der Kerl nur so über den Platz, stößt die unmöglichsten Bälle übers Netz zurück, holt bei Lobs über Kopf zu Schmetterbällen aus, trifft dabei grundsätzlich die Kugel nur mit dem Rahmen, macht gerade deswegen den Punkt, schaufelt, schaufelt, bringt und bringt ...

Im Tie-Break japse ich atemlos, völlig demoralisiert seinen Einwürfen hinterher, stoße, schaufle, nudle jetzt selber die

Kugel irgendwie gerade noch übers Netz, höre, wie ein Zuschauer am Platzrand zum anderen sagt: »Hörst, wenn der Merkel so Fußball gekickt hat, wie er jetzt Tennis spielt...«
Diese Bemerkung kostet mich im Tie-Break den entscheidenden Ball. Schweißüberströmt reiche ich dem Gegner die Hand. »Es tut mir leid, Sie hatten Pech. Aber Sie haben wunderbar gespielt, Herr Merkel«, tröstet mich dieser falsche Hund von einem Novatschek.
»Ein schöner Mensch hat halt kein Glück«, geb' ich ihm's zurück.
Als mich meine Frau beim Mittagstisch fragt: »Wie war's heute beim Tennis, Max?«, spitzen selbst Töchterchen Maxi und unser Hund ihre Ohren. »Mmmm, es ging«, murmle ich und greife nach dem Suppenlöffel.
»Wie ist's denn ausgegangen, Max?« bohrt sie gnadenlos weiter.
»Gewonnen hat der Novatschek«, stecke ich mit der Kaltschnäuzigkeit des Profis die Niederlage weg und den Löffel in die Suppe. Dann aber bricht's aus mir heraus: »Also hört zu, da war der Scheißwind, die lauten Spieler am Nebencourt, der Platz ein Acker, der heimtückische Novatschek mit seiner angeblichen Verletzung, bei jedem zweiten Ball hat der Kerl mich betakelt, die Zuschauer quatschten ins Spiel... Also eines könnt ihr mir glauben, so wahr ich Max Merkel bin, normal hätte ich gewonnen, aber«, gebe ich meiner Familie ein sportliches Beispiel, »man muß auch verlieren können.«
Nobel verschweige ich, daß ich meinen Schläger nach dem Match mit dem Novatschek in der Garderobe zertrümmerte.

Von Krabblern und Windmühlen

Paps, du schreibst doch in deinem neuen Buch über Tennisärger?« heuchelte meine Tochter Interesse, während ich morgens vor dem Badezimmer wartete, in der Hoffnung, sie würde sich irgendwann von ihrem Spiegelbild trennen und ich mich endlich rasieren können. Da dies normalerweise nicht so bald der Fall ist, verwickelt mich Maxi zumeist feinsinnig in ein Gespräch. Sie weiß, ich warte nicht gerne. Hatte ich nicht schon einmal in einem zarten Ausbruch meiner aufgestauten Ungeduld den Türgriff demoliert?

»Richtig! Hast du vielleicht eine Idee dazu?« wollte ich wissen.

»Na klar«, bestätigte Maxi mit der Überheblichkeit des Teenies über Grufti-Väter. »Ärgere dich doch mal über die verschiedenen Typen, die da auf dem Platz herumhinken und glauben, sie können Tennis spielen. Stell sie in Beziehung zu jenen Spielern, die den weißen Sport tatsächlich beherrschen.«

Erfreut registrierte ich die präzise Ausdrucksweise meiner Tochter. Ganz umsonst habe ich sie also doch nicht aufs Gymnasium geschickt.

»Weißt du ein Beispiel?« fragte ich neugierig.
»Na klar, Paps, nimm doch mal die Nummer eins unseres Klubs, allein seine voll durchgezogene Rückhand, also die ist einfach wouuuuuh. Dann nimm diesen Krabbler von einem Novatschek, nicht hinsehen kann man bei seinem Windmühlen-Tennis. Der Typ kann doch wirklich nur gegen Leute wie dich gewinnen!«
»Raus«, fegte ich das Thema vom Tisch und meine flegelhafte Tochter aus dem Badezimmer, »ich will mich jetzt rasieren.«
»Mal abgesehen davon, daß du Maxi das Taschengeld für eine Woche streichen willst«, nahm meine Frau beim Frühstück den Faden wieder auf, »so schlecht ist ihre Idee doch im Grunde nicht.«
»Hab' ich mir vielleicht mit meinen Fußball-Kommentaren noch nicht genug Feinde gemacht?«
»Auf ein paar Wadelbeißer mehr kommt's einem Max Merkel doch nicht an«, überzeugte sie mich.
Auf dringendes Anraten meines Anwaltes erkläre ich hiermit, daß alle nachstehend geschilderten Personen frei erfunden sind. Rein zufällige Ähnlichkeiten sind allerdings beabsichtigt.
Wenn ich alle Tennis-Freunde und -Feinde, die mir bei meinem geliebten Zweitsport ins offene Racket liefen oder umgekehrt, vor meinen geistigen Augen Revue passieren lasse, kann man die ganze Meute in vier Gruppen einteilen.
Beginnen wir mit den Stars. Damit meine ich nicht Boris Becker und Steffi Graf in persona, aber jeder Klub hat seinen ganz speziellen »Boris« und seine eigene »Steffi«.
Ewig werde ich mich daran erinnern, wie ich das erstemal,

noch weit von meiner heutigen Spielstärke entfernt, aber mit neuer Tasche, neuen Schuhen, flottem Dress meines Ausrüsters »adidas« versehen, den Klub betrat. Als ehemaliger Star-Kicker – schließlich spielte ich dreimal im Nationalteam, bis mich meine Kameraden aus der Mannschaft ekelten, weil sie auch mal in Ballberührung kommen wollten – wußte ich, wie sehr schon selbstbewußtes Einlaufen jeden Gegner psychologisch in die Defensive treibt. Kein Wunder, daß ich sofort im Mittelpunkt des Klub-Interesses stand.

»Herr Merkel, wozu brauchen Sie gleich fünf Schläger?« fragte mich ein junger unsportlicher Typ mit langen Haaren und einem Clips im Ohr, der besser in eine Disco gepaßt hätte. »Wir sind doch hier nicht auf dem Golfplatz?«

»Was verstehen denn Sie davon?« wies ich ihn verächtlich in die Schranken. »Die Rackets sind verschieden bespannt. Es gibt schließlich Gegner, gegen die man Druck machen muß, da brauche ich eine harte, schnelle Saite, andere wiederum muß man mit weichen Bällen aus dem Rhythmus bringen, da ist natürlich eine elastischere Bespannung wirkungsvoller.«

Der Typ schwieg beeindruckt.

»Dem haben Sie es aber gegeben, Herr Merkel«, sprach mich ein Mensch an, der sich später als Novatschek vorstellte. Hätte ich ihn damals nur nicht kennengelernt!

»Na ja«, schwächte ich ab, »im Grund bin ich natürlich kein so hervorragender Spieler, habe lange nicht mehr auf dem Platz gestanden. Wie spielt denn dieser Disco-Typ?«

»Ivan Lendl hat gegen ihn Chancen«, beliebte Novatschek zu scherzen.

»Wollen wir es mal versuchen?« fragte ich den jungen Mann versöhnlich. Rundum verstummten alle Gespräche.

»Es ist mir eine Freude, mit Ihnen spielen zu dürfen, Herr Merkel«, erklärte er artig.

Wir ergatterten einen Platz, begaben uns auf den Sand. Schon beim Einschlagen beschlich mich ein ungutes Gefühl. So sehr ich auf die Kugel drosch, der Junge retournierte den Ball, offensichtlich ohne sonderliche Anstrengung, wieder genau vor meinen Schläger. Als ich am Netz einige meiner gefürchteten Schmetterbälle schlug, kamen die Returns als seidenweiche Lobs zurück. Die Tatsache, daß er sich zwischendurch einmal einen nicht retournierbaren Smash um die Ohren krachen ließ, bis zum Zaun zurücklief, um mir dann den Ball, mit dem Rücken zum Netz, durch seine O-Beine zurückzuspielen, hätte in mir schon alle Alarmglocken zum Läuten bringen müssen.

Um uns scharte sich das Publikum, als wir nach einigen Probeaufschlägen das Match begannen.

Wollen wir es so formulieren: Mein Gegner zeigte keinerlei Achtung vor meinem Namen, scherte sich nicht darum, daß ich als Sportler einen Ruf zu verlieren hatte, sondern schoß mich, wie die Wiener so schön sagen, durch Sonne und Mond. Die wenigen Ballberührungen ergaben sich für mich, wenn ich die Kugel beim Gitter aufklaubte. Angesichts dieser Tatsache verzichtete ich auf einen Schlägerwechsel, ein gewisser Instinkt sagte mir, daß bestenfalls eine Maschinenpistole das Match zu meinen Gunsten hätte entscheiden können.

»Herr Merkel«, tröstete mich der Typ nach dem unvermeidlichen 6:0, 6:0, »Sie machten eine gute Figur.«
Nur mühsam unterdrückte ich das Verlangen, in mein Racket zu beißen, knurrte etwas von: »Jeder hat mal einen schlechten Tag«, ignorierte das schadenfrohe Grinsen dieses Novatschek, der mich ins offene Messer hatte laufen lassen, nahm die Kommentare aus dem Publikum äußerlich gleichmütig zur Kenntnis: »Machen Sie sich nichts draus, Herr Merkel, das war unsere Nummer eins. Sie haben ein seltenes Vergnügen gehabt, normalerweise spielt der mit Leuten unseres Niveaus höchstens Karten.«
Womit alles über die Stars im Klub gesagt ist. Sie bilden die erste Mannschaft, trainieren und matchen nur untereinander, haben exakt die Schläge und das Stöhnen von Boris Becker drauf, spielen Aufschlag-Volley, knallen sich die Bälle nur so um die Ohren, treffen, wenn sie gegeneinander kämpfen, bei jedem Ball entweder das Feld – dann ist es ein Punkt – oder den Super-Senior auf dem Nebenplatz voll ins Kreuz – dann ist das ein Fall für den Notarzt.
Eine Niederlage kündigt sich oft mit tierischem Gebrüll des zu unterliegen drohenden Stars über seine Fehlerquote an. Ein zusätzlich steil gegen Himmel fliegender Schläger läßt mit an Sicherheit grenzender Wahrscheinlichkeit darauf schließen, daß die Niederlage perfekt ist.
Gibt es einmal einen Ballwechsel über drei Berührungen hinaus, schämen sich die Klub-Stars, ziehen den Platz ab, verschwinden in die Kantine und spülen mit einer »Schorle« oder einem »Russen« ihren Ärger herunter.
Die Stars grüßen jedermann im Klub freundlichst, machen sich aber ansonsten mit niemandem gemein, es sei denn,

sie wollen dir ihr von unzähligen Fußtritten und Ans-Gitter-Werfen verbeultes Racket für ein paar Zerquetschte unterm Neupreis andrehen – obwohl sie selber es meist vom werbesüchtigen Fabrikanten umsonst bekamen.
Neben den jungen Spitzen-Spielern unseres Klubs glänzt noch immer, wie auch in anderen Vereinen, der Alt-Star. Nennen wir ihn Jupp. In längst vergangenen Tagen mal Deutscher Jugendmeister, danach die Nummer 15, vorübergehend sogar Nummer 14 in der Bundesliga, steht er nach wie vor in Achtung und Ansehen, schlägt, wenn Laune, Wetter und Beinarbeit harmonieren, sogar den Klubmeister, weiß er doch, in unzähligen Turnieren und Medenspielen an den Schläfen leicht ergraut, um das Geheimnis des Tennis: Wer weniger Fehler macht, gewinnt das Match!
Nie wird dem Alt-Star eine Flüchtigkeit unterlaufen, niemals wird er auf die Kugel draufhauen, wenn ein gefühlvoller Slice angebracht wäre. Seine Lobs segeln zentimeterhoch über den Schlägerrand des hochspringenden Gegners, seine Stops graben sich nach dem Plop so tief in den Sand, daß man das Racket gegen einen Korkenzieher eintauschen müßte, um die Filzkugel wieder ans Licht zu holen.
Der Alt-Star läßt sich gerne auf eine Fachsimpelei auch mit Spielern niedrigerer Rangordnung ein, scheint ihm doch auf diese Weise noch immer zumindest die Abendsonne seines Ruhms. Seine Belehrungen sind vollgepumpt von Wissen um die Drehmomente des Balles, Taktik, richtige Ernährung. Selbst gönnt er sich schon mal ein paar Weißbier, steht ihm der Sinn nach Champagner, schließt er eine

Wette ab. Mir gab er dabei einmal 30 vor, ließ mich auf 5:2 hochkeuchen, dann aber im Kreis laufen, bis mir die Zunge bis zur Grundlinie herunterhing. Doch zuletzt schont der Altmeister – auch hier mit allen Wassern gewaschen und Wissen gesalbt – den Gegner, gewinnt nur knapp, im Tiebreak. Schließlich soll's nicht der letzte kostenlose Champagner seines Lebens sein.

Der Alt-Star hat nur einen wahren Ärger: Wenn er mit seinem 12jährigen Sohn als Partner ein Doppel spielt und der Knirps seinen Vater in die Mangel nimmt, wenn der einen traumhaften Rückhandcross des Gegners um Millimeter nicht erläuft: »Mein Gott, Papa, beweg dich! Wir spielen Tennis und nicht Schach.«

Vom Glanz der technisch beschlagenen Spitzenspieler, die jeden Ball, bei dem sie halbwegs in Stellung sind, gnadenlos verwandeln können, vor allem beim Volley und Überkopfball todsicher sind, ist bei den Aktiven der zweiten Mannschaft in Verein weniger zu spüren. Hier dominieren zumeist die Trainings-Weltmeister. Das sind die Spieler, die als Waffe lediglich ein oder zwei grandiose Schläge aufzuweisen haben, die sie aber, einmal richtig im Timing, zentimetergenau an die Linien setzen. Sie lassen den Ball laufen, degradieren den kreuz und quer über den Platz gejagten Gegner damit zuletzt zur Schnecke. Doch kaum beginnen sie ein Match, werden die Bälle kürzer, damit für den Feind leichter zu erreichen und zu retournieren. Läßt man ihnen dazu auch noch ungenügend Chance für ihren Killer-Schlag, die umlaufene Peitschen-Vorhand in die Backhand-Ecke oder den »tödlichen« kurzen Cross – wozu in beiden Fällen die Beherrschung eines durch-

schnittlich sicheren Lobs genügt –, ist ihr Pulver schnell verschossen. Sie geraten total außer Schlag, agieren überhastet, verlieren gelegentlich gegen den Schupfer Meier aus dem Dritte-Reserve-Team oder – den Novatschek.

Ein gutes Beispiel dafür ist mein Freund Pauli. Als ihm das Ungemach passierte, in einem Klubturnier ausgerechnet auf den Novatschek zu stoßen, brach sein an und für sich äußerst druckvolles Tennis nach kaum einer halben Stunde in sich zusammen wie ein Kartenhaus. Das weiche Ballzurückgeschiebe meines Erzfeindes auf dem Court unterminierte gnadenlos seinen Rhythmus. Pauli verschlug die einfachsten Bälle, warf zuletzt Nerven und Schläger weg, brüllte seinen Widerpart an: »Schluß mit der Nudlerei! Ich laß mir doch von Ihnen nicht mein Spiel ruinieren, Sie Wühlmaus, Sie Antisportler, Sie können mich ...«

»Warum schießt du eigentlich den Novatschek nicht vom Platz, statt ihm das Götzzitat zu schaffen?« wollte ich in der Garderobe schadenfroh von ihm wissen.

Freund Pauli musterte mich mit trüben Augen. »Wenn ich das könnte«, erklärte er mir in einem Anflug von Tiefsinnigkeit, »brauchte ich ihm nicht sagen, er kann mich ..., sondern könnte von mir sagen, ich kann Tennis spielen.«

Die dritte Gruppe, der auch ich mich in meiner bekannten Bescheidenheit zurechne, ist die breite Masse der Durchschnittsspieler. Hier kann jeder mit jedem. Matchgewinn oder -verlust hängen zumeist von der Tagesform, dem aktuellen Verhältnis zum Chef oder dem Umstand ab, ob die Ehefrau einem auf die Freundin draufgekommen ist oder die Bank den Kredit gekündigt hat.

Wer sich nicht ausschließlich aufs Spiel konzentrieren kann, ist schon auf der Verliererstraße.
Ausnahmen bestätigen die Regel, das beweist der Fall Udo. Udo konzentriert sich beim Tennis grundsätzlich nie, läßt dem Spiel des Gegners seinen freien Lauf, begnügt sich damit, einen herrlichen Schlagwechsel abrupt mit einem kurzem Sägen seines Schlägers am Ball zu unterbrechen. Die gepeinigte Kugel setzt danach zu Kapriolen an, gegen die ein vom Spazierstock aufgewühlter Ameisenhaufen eine berechenbare Größe darstellt. Der Ball setzt bei seiner weiteren Flugbahn zurück ins gegnerische Feld sämtliche Gesetze der Schwerkraft sowie die bekannte mathematische Gleichung Masse mal Geschwindigkeit... völlig außer Kraft. Aus halber Höhe des Netzes, in dem er sich zuerst einmal verfängt, robbt er sich wieselflink zur Netzkante hoch, verschnauft dort ein wenig, um urplötzlich seitlich zum Pfosten wegzudriften, wo die Kugel, vom Schläger des Gegners verfolgt, jedoch entgegen jeder Erwartung nicht einfach zu Boden fällt, sondern mit neuerlichem unerklärlichem Auftrieb hochsteigt, um zu guter Letzt auf der Seitenlinie des gegnerischen Feldes zu landen und dabei auch noch wegzurutschen, unerreichbar für einen Return. Solche Bälle hat Udo noch mehr in seinem Repertoire.
Sehr wirkungsvoll erweist sich auch sein Stop-Smash-Slice, den tatsächlich nur er im ganzen Welt-Tennis in dieser Perfektion beherrscht. Dabei wird der Schläger zum Schmetterball hinter den Körper zurückgenommen, die Kugel zwar voll, aber nur mit dem äußersten Schlägerrand getroffen! Wichtig ist, und diese Nuance macht ihm keiner

nach, daß der Ball dabei eine Fälschung erhält, die ihn zuerst kerzengrad hochsteigen, dann aber mit starkem Unterschnitt in einer Parabel ins gegnerische Feld zischen läßt, wo er sich nach dem Aufprall mit raketenartigem Antrieb hoch übers nächste Einfriedungsgitter im dichtesten Gebüsch verabschiedet. Spiele mit Udo verbringt man nur zur Hälfte der Spielzeit auf dem Platz, die andere Hälfte im Unterholz der Umgebung auf der Suche nach einem der unzähligen, neu aufgelegten Bälle, die auf solche Weise auf Nimmerwiedersehen verschwunden sind.

Eine nur psychologisch zu bewertende Waffe unseres ansonsten durchaus beliebten Klubkameraden stellt auch sein Stöhnen dar. Motto: Je weicher der Ball, um so lauter wird gestöhnt. Wer glaubt, ich übertreibe schamlos, hat noch nie mit Udo ein Match absolviert. Zum Glück hat auch seine Variante des Tennisspiels ihre Schwäche. Voraussetzung für seinen reibungslosen Bewegungsablauf ist, daß er falsch zum Ball steht. Alle Schläge Udos, vor allem seine knallharte Vorhand, aber auch sein unnachahmlich gestoßener Slice, um den jeder Billardspieler ihn beneiden würde, fordern geradezu gebieterisch eine total falsche Stellung zum Ball. Vorhand wie Rückhand: Breitbeinig, frontal zum Netz, dabei die Geschehnisse am Nachbarplatz im Auge behaltend. Smash: Keinesfalls vorher den Ball anschauen, kurz vor dem Schlagen die Augen gänzlich schließen. Wie Udo überhaupt am besten mit geschlossenen Augen agiert. Längst nennen wir in unserem Klub einen Punktball, der von keinerlei Berechnung getrübt ist, schlicht einen »Udo«.

Um auf seine Schwächen zurückzukommen: Drückt man

Udo vor dem Spiel ein Tennislehrbuch in die Hand, geht es ihm wie dem Tausendfüßler, den die Kröte fragt: »Wie kommst du nur vom Fleck, ohne ständig über eins deiner zahllosen Beine zu stolpern?« Der Tausendfüßler, der darüber nachdachte, brachte keinen Schritt mehr auf den Sand.

Unzählige Matches habe ich mir im Laufe der Zeit schon mit Udo geliefert. Alles in allem ging es pari aus. Denn wie gesagt, nicht immer gelingt einem sein Spiel. Zum Unterschied von Novatschek ist Udo jedoch stets fair, entschuldigt sich höflichst nach jedem Netzroller zu seinen Gunsten.

Als ich einmal nach unzähligen »Udos« letztlich im Tie-Break verlor, tröstete er mich mit den Worten: »Machen Sie sich nichts draus, Herr Merkel. Ein schöner Mensch hat kein Glück…« Weiß man jetzt, warum ich trotz allem Ärger über seine »Traum-Blindgänger« so gern mit Udo in die Arena steige?

Die Zahl der unterschiedlichen Typen in der Durchschnitts-Spielklasse ist unübersehbar. Dennoch stechen mir noch einige meiner Tennis-Spezln besonders ins Auge. Da ist Heiko, von Beruf Millionär. Noch nie hat ihn jemand neue Bälle auflegen sehen. Stets spielt er mit den Bällen des Spielpartners. Als Alibi hat er eigens einen Satz uralter, total abrasierter Kugeln in der Tasche, die er freundlichst zur Benützung anbietet. Über die Notwendigkeit einer neuen Bespannung diskutiert Heiko über Wochen hindurch, leiht sich »zur Überbrückung« vorübergehend fremde Rackets aus, bis ein mitleidiger Klubkamerad, der eine Bespannungsmaschine zu Hause stehen hat, dem

Millionär die ihm vom Trainer überlassene Billig-Saite zum Nulltarif ins Racket spannt.
»Wie glaubst du, Max«, erklärte er mir, als ich mal ärgerlich darauf hinwies, daß er sich vielleicht doch mal neue Bälle leisten könnte, »bin ich zu meinen Millionen gekommen?«
Besonders unsympathisch ist mir Herbert. Ein verhinderter »Sieger«-Typ, der mir, wenn er zum zwanzigstenmal in der Reihe gegen mich verloren hat, die Hand drückt und sagt: »Heute war das Glück auf Ihrer Seite, Herr Merkel«, und wenn ihn am Buffet die Leute fragen: »Na, wie ging's gegen den großen Max?«, ungerührt antwortet: »Diesmal hat *er* gewonnen ...« Den Mann kann man einfach nicht hoch genug demontieren, er bleibt davon überzeugt, daß er im Grunde der bessere Spieler ist.
Dann gibt's noch Ulrich, der nur dann am Platz zu brillieren beginnt, wenn's »um ein Bier geht«.
Oder Dieter, der nur spielen darf, wenn es seine Frau erlaubt, wobei alle seit Jahren darüber rätseln: »Was mußte er tun, um wieder einmal die Genehmigung für sein geliebtes Tennis zu erhalten?«
Und Eugen, der noch nie in der Garderobe erschien, ohne den düsteren Satz von sich zu geben: »O Gott, mein Kreuz! Ich weiß nicht, wie das heute gehen wird.« Austauschbar ist dabei nur der jeweilige Körperteil, der Eugen vorgeblich am Auflaufen zu seiner Idealform hindert.
Vierte Gruppe: die Anfänger. Sie tauchen irgendwann, zumeist von der Mehrheit der Klubmitglieder unbeachtet, an der Buffet-Terrasse auf, sitzen im Tennisdress still vor sich hin, stets ein freundliches Lächeln im Gesicht, hoffend, daß außer dem fette Beute witternden Klubtrainer

sich noch irgendwer mit ihnen in ein Gespräch und anschließend in eine Tennispartie verwickeln läßt.
Das ist natürlich nie der Fall. Jeder, der die Kugel mit seinem Schläger halbwegs passabel ins andere Feld zu befördern in der Lage ist, zieht weite Bogen um diese bedauernswerten Geschöpfe. Eher wird sich Österreichs Präsident Kurt Waldheim an seine Vergangenheit erinnern als die Klub-Profis an jene Zeit, da sie selber Anfänger waren.
Mit einer Ausnahme: Wenn es sich um eine hübsche, möglichst unverheiratete Frau handelt. Da wollen plötzlich alle Herren mit dem Mauerblümchen spielen, wenn's sein muß auch Tennis. Und weil dies die jeweiligen Ehegattinnen um jeden Preis verhindern wollen, ohne sich in aller Öffentlichkeit die Blöße der Eifersucht zu geben, lassen auch sie erkennen, daß ihnen nichts lieber wäre, als dem Tennishäschen Bälle vor den Schläger zu schaufeln, damit es diese quer über die Plätze verteilen kann, so es die Kugel überhaupt trifft.
Normalerweise endet das Leid des Mauerblümchens erst, wenn ein zweiter Anfänger die Klub-Bühne betritt. Von diesem Augenblick an wachsen sie auf dem Platz zusammen wie siamesische Zwillinge, »vergeigen« so lange gegeneinander die Bälle, bis sie das Spielniveau erreicht haben, um in die unterste Klasse der Tennisrangordnung einzutreten. Da findet man Leute, die entweder in kurzer Zeit die Gruppe wieder verlassen, je nach Talent zu den Durchschnittsspielern oder zuletzt sogar in die Kampfmannschaft aufsteigen, oder jene, die ihr ganzes Tennisleben als Anfänger verbringen, weil niemand das Herz hat,

ihnen, auf den weißen Sport abgewandelt, das zu sagen, was ich als Trainer in meiner Verzweiflung mal einem meiner Kicker offenbarte: »Hören Sie, es gibt so viele schöne Spiele, muß es ausgerechnet Fußball sein?«

Offenbar muß es, sonst würden diese Typen sich nicht immer wieder unverdrossen mit den Tücken von Wind, Sonne, Platz, Ball, Schlägern, Gegner herumquälen. Ein gütiges Schicksal, besser gesagt das Mitleid des Trainers, verhindert meist, daß sie sich selbst jemals auf einem Videoband agieren sehen.

Doch dies gilt nur für die Praxis. Was die Theorie angeht, nirgends findet man so viele, so beschlagene Tennis-Professoren wie in Gruppe vier. Jedes neue Material, sei es Bespannung, Racket oder Schuhe, erregt stundenlange Debatten um Wert, Unwert, Preis-Leistungsverhältnis. Kein Spieler im Klub, weder der Altstar noch die Nummer eins, sind vor ihren messerscharfen kritischen Blicken sicher. Niemand sonst kann dem Klubmeister so präzise erklären, daß er bei der Vorhand den Schläger etwas weiter hinter den Körper zurücknehmen, beim Schmetterball besser durchziehen soll.

Auch ich erleide immer wieder Belehrungen von Leuten, die den Ball nur im Griff haben, wenn sie ihn in die Hand nehmen. Unlängst sagte sogar der Novatschek zu mir: »Herr Merkel, Sie könnten Ihren Stops mehr Gefühl verleihen, wenn Sie dabei den Ball ansehen und nicht die Beine der hübschen Dame auf dem Nachbarplatz.« Ich wies ihn mit einem Doppelfehler in die Schranken.

Das sind so Typen, die mir im Laufe meines Tennislebens über den Platz gelaufen sind. Wie gesagt: Alle Personen sind frei erfunden!
»Dann gibt's aber auch noch dich. Wie würdest du dich denn beim Tennis sehen?« fragte meine Frau.
»Da gebe ich das Wort lieber weiter an dich, Marion«, erklärte ich ihr bescheiden.
»Max, da muß ich passen. Ich finde die Figur, die du am Platz machst, einfach unbeschreiblich.« Zu mehr war sie nicht zu bewegen. In schlaflosen Nächten denke ich oft über den Sinn dieses Satzes nach. Falls jemand glaubt zu wissen, was meine Frau damit gemeint haben könnte, möge er mir es umgehend brieflich mitteilen: Max Merkel, Putzbrunn bei München.

Alptraum in den Alpen

Marion, wenn's so weitergeht, können wir in unserem Partykeller Karpfen züchten«, erläuterte ich meiner Frau die Lage. »Nichts wie Ärger hat man mit einem Haus.«
Ein winterlicher Rohrbruch hatte unser Putzbrunner Eigenheim in ein Wasserschloß verwandelt. Eine Kompanie Handwerker rückte an, um den Schaden zu beheben. Die rustikale Sitzecke, der Bodenteppich, sogar der Betonfußboden mußten dran glauben.
Kaum war das Haus entwässert, begannen die Troubles mit der Versicherung. Beim Kassieren sind s' Weltmeister, aber fürs Auszahlen muß es dort Computer mit bleiernen Chips geben!
Als schließlich alles soweit ausgestanden, unser »Heuriger« wieder beteppicht, die Sitzbank frisch eingebaut war, besuchte uns Willi, ein Freund aus alten Tagen.
»Mein Gott, Max, was ist das schon, so ein bißchen Rohrbruch«, fiel er mir ins Wort, als ich ihm unsere gerade überwundenen Schwierigkeiten ausführlich zu schildern begann.
»Mir hat's gereicht«, entgegnete ich ihm verärgert, während ich überlegte, ob ich den Kerl, der sich meinen zweitbesten Wein über den Gaumen rinnen ließ, jedoch

keinerlei Verständnis für meine Probleme zeigte, nicht hinauswerfen sollte.

Doch dann fiel mir ein, daß Willi im Grunde recht hatte. Denn ich mußte an, Gott sei's gedankt, längst vergangenen Ärger um unser altes Bauernhaus denken. Wir hatten uns einen Traum erfüllt. Das Anwesen lag in den Tiroler Bergen, idyllisch, am Fuße einer Alm, vom Zahn der Zeit leicht angemorscht, war deshalb recht preiswert im Erwerb. Meine damaligen Ersparnisse reichten gerade aus.

Ein Münchner Architekt schätzte die Renovierungskosten zuzüglich seines Honorars, insgesamt ein Betrag, der den Kreditrahmen meiner Bank zwar bis zur Überziehungsgrenze in Anspruch nahm, aber: »Wer sich einen Lebenstraum erfüllen will, darf keine Krämerseele sein«, erklärte ich es meiner Frau.

Meine Seele mußte in den nächsten Wochen zu Supermarktformat auflaufen. Den Großteil meiner Zeit verbrachte ich damit, Schulden zu machen.

Der Architekt bedauerte: »Das Dach läßt Regen durch, es muß ein neues her.« Das alte Dach wurde abgedeckt. Mein Haus stand oben ohne in der Gegend. Danach ließ sich kein Handwerker mehr sehen.

Dafür schneite es, mitten im Sommer! Als wir zum Wochenende aus München anreisten, war unser dachloser Traum bis zum Rand mit Schnee gefüllt. Am nächsten Morgen gab es einen Wärmeeinbruch. Unser zukünftiges Ferienheim glich jetzt einer riesigen Badewanne, voll Schmelzwasser.

Der Architekt behielt seinen klaren Kopf, schließlich war

sein Honorar noch offen: »Bedenken Sie, Herr Merkel«, versuchte er mich zu beruhigen, »die Reinigungskraft von Schneewasser ist enorm, so sauber hätten wir Ihr Haus nie hingebracht! Sie werden sehen, keine Spur von Muff mehr.«

Unter Verwendung eines bekannten Zitates kündigte ich dem Mann die Geschäftsverbindung auf.

Das Dach kam, kostete mit Montage das Dreifache des Voranschlages. Der Architekt prozessierte um sein Honorar, das brachte Gerichtskosten. Dazu schlugen sich die Notariats-Gebühren des Kaufvertrages, die Steuern, Beschauungs-, Installations-, Wegkosten. All das riß ein immer größeres Loch in unseren Geldsäckel.

Doch zuletzt stand das Haus, als ländliches Juwel herausgeputzt, mit neuem Dach in der Gegend. Wir mußten noch rasch einige Mauern wieder errichten lassen, die ich im Schweiße meines Angesichtes niedergerissen hatte, um aus den winzigen Räumen im Erdgeschoß eine großräumige Stube zu schaffen. Es hatte sich dabei, wie die Baubehörde gerade noch rechtzeitig feststellte, bevor das Gebäude in sich zusammenbrechen konnte, um Stützmauern gehandelt. Soweit war alles im Lot.

Die Freunde beneideten uns um unser wunderschönes idyllisches Ferienhaus. Besonders um den uralten gemauerten, frisch geweißelten Bauernofen, mit seiner Sitzbank rundum, den Holzstangen zum Wäschetrocknen rundoben, das Prachtstück des Hauses. Doch gerade in punkto Beheizung stand uns noch eine weitere Prüfung bevor: die Kaminbeschau.

Der Kaminkehrer kam, brachte eine kleine Bombe mit.

»Eine Art Sprengsatz, der im Kamin gezündet wird. Aus etwaigen undichten Stellen tritt dann durch den Druck geruch- und harmloser Rauch aus«, erklärte er uns, »und zwar in Farbe, damit man alles besser sehen kann. Ich verwende karminrot.«

Die Probe war herrlich anzusehen, der Kamin funktionierte wie eine Gießkanne, aus unzähligen Löchern quoll Rauch heraus, der in prächtigen roten Schwaden durch die Zimmer wallte.

Der Bescheid: Abriß! Das Problem war nur, dazu müßte man das um den Bauernofen gebaute Haus mit abreißen. Die Behörden hatten ein Einsehen und ein teurer Experte das nötige Können und Wissen, die Abdichtungen zu aller Zufriedenheit vorzunehmen. Die Sache ging zuletzt in Ordnung.

Ein winziges Ärgernis machte sich erst im nächsten Herbst bemerkbar. Aus den von der Schneeschmelze noch immer nicht ganz getrockneten Holzböden begannen eines Tages prächtige Pilze zu sprießen. Wir brauchten zum Schwammerlsuchen nicht mehr in den Wald.

Doch auch die Zeit ging vorüber, das Haus wurde allmählich trocken.

Jetzt aber ging der Ärger überhaupt erst richtig los. Ein Meßtrupp tauchte auf. Wir nahmen gerade entspannt unser Frühstück am alten Holztisch im Vorgarten ein, erfreuten uns an der von bunten Schmetterlingen, fleißigen Bienen und summenden Hummeln bevölkerten Blumenwiese.

»So still und ruhig, Herr Chef, werden S' dös da nimmer lang ham«, bemerkte einer der Männer, während er sein

Stativ aufbaute. »Da kommt nämlich a Stromschiene her, wegen der Energieversorgung, wissen S' eh...«
Eine Strom-Schiene?
Es stellte sich heraus, daß es sich dabei um »umweltfreundliche« Stahlmasten von rund vierzig Meter Höhe handelte, von denen einer seinen Platz in unmittelbarer Nachbarschaft von unserem Grundstück einnehmen sollte.
»Die Lärmbelästigung ist aber äußerst gering, bloß ein bisserl summen wird's schon, Herr Chef, Hummeln summen a...«, tröstete der Mann mich angesichts meines sich abzeichnenden Herzinfarktes.
Der nächste Ärger stand schon vor der Tür. Inzwischen hatte der Gemeinderat des bisher so stillen Gebirgsdorfes auch noch beschlossen: »Ein Schlepplift muß her!«
»Die Spur führt keine zehn Meter am Haus vorbei, was sagst du dazu, Max?« verkündete mir Marion nach einer Einkaufsfahrt in den Ort. Ich suchte nach Worten, um die Sachlage zu kommentieren, aber es fielen mir keine druckreifen ein.
Der nächste Schlag kam im nächsten Sommer: »Die Gemeinde will auch noch eine Tennisanlage bauen mit sechs Plätzen, und weißt du wo, Max?«
Ich ahnte es. Es war die Wiese genau unterhalb des Hanges, auf dem unser Haus vorläufig noch so idyllisch in die Landschaft blickte.
»Den ganzen Tag, vom frühen Morgen bis späten Abend geht's dann plop, plop, plop. Ein Parkplatz wird in die herrlichen Fluren betoniert, statt Blumenduft und Schmetterlingen gibt's dann Benzingeruch und Abgasfahnen beim

Frühstück. Nein, das machen wir nicht mit«, entschied Marion. »Verkauf das Haus, Max!«
»Wer kauft die Hütte schon, mit Strommasten, Schlepplift, Tennislärm und Parkplatzgestank vor der Tür?« murrte ich. Da hatte ich mich aber wieder einmal getäuscht.
Ein befreundeter Immobilien-Makler nahm die Sache in die Hand. Am Wochenende las ich sein Inserat in der Tageszeitung: »Traum-Haus in den Alpen, Skilift und Tennisplätze vor der Haustür, Stromversorgung gesichert, umständehalber zu verkaufen.«
Zwei Wochen später waren wir das Ärgernis los. »Max, die Leute waren verrückt danach, ihr Geld loszuwerden«, berichtete mir mein Freund. »Besonders als ich ihnen Hoffnung machte: ›Sie terrassieren vielleicht auch noch einen Golfplatz rund ums Haus in den Berg . . .‹«

Wer einmal lügt ...

Max, hast du mich schon einmal betrogen?«
Ich liebe meine Frau, aber ihre Art, aus heiterem Himmel heraus solche Fragen zu stellen, treibt mich noch mal zum Wahnsinn.
»Natürlich nicht, Liebling«, blieb ich äußerlich gelassen, aber innerlich auf der Hut. Als alter Fußball-Profi weiß ich, wenn man noch keine Übersicht hat, muß man den Ball halten beziehungsweise bei seiner Frau den Mund.
»Max, das kannst du mir doch nicht weismachen, nach zwanzig Jahren Ehe! Wo du soviel auf Reisen bist, also wenn da nicht mal ein kleiner Ausrutscher passiert ist, da wärst du doch kein richtiger Mann«, bohrte sie weiter.
Doch so leicht ging ich ihr nicht in die Falle. »Eine Frau wie dich, Marion«, gab ich ihr kräftig Zucker, »betrügt man nicht.«
Das war ein As. 1:0 für mich. Einen Abend hatte ich überstanden, konnte mir in Ruhe einen Western-Video hereinziehen.
Doch am nächsten Abend ging's schon wieder los. Jetzt hatte sie die Honig-Masche drauf: »Sei doch mal ehrlich, Max, ich wäre dir doch auch nicht böse, vergangen ist vergangen, aber schau, ich weiß doch, daß du ein Typ bist,

auf den Frauen fliegen. Glaubst du, ich habe kein Verständnis dafür, wenn ein Mann schwach wird, wenn ihn schöne Frauen umschwärmen? Schließlich war ich Augenzeuge, wie sich nach deinem Meistersieg mit Atlético Madrid die Señoritas von dir Autogramme auf ihren blanken Busen schreiben ließen.«

Ich erinnerte mich geschmeichelt. Marion nutzte die Gunst der Stunde, holte eine Flasche spanischen Weins aus dem Keller. Nach der zweiten Pulle hatte sie mich soweit. Mir ging es wie den Leuten, die im Verhör alles gestehen, nur um endlich ihre Ruhe zu haben. Der Alkohol beflügelte dazu noch meine Phantasie.

»Also gut, Marion«, ließ ich meiner Zunge freien Lauf, »da war eine Frau in meinem außerehelichen Leben. Sie war blond, gertenschlank, sexy, sie trug ein Kleid mit Schlitz, verführte mich nach allen Regeln weiblicher Kunst, die Schlange. Jetzt weißt du's, es war mein einziger Fehltritt. Glaub mir, ich habe diese Nacht der Sünde wieder und wieder bereut.«

Marion blickte mich strafend an. Dann sagte sie: »Max, ich weiß, du stehst doch nur auf dunkelhaarige Frauen mit vorne und hinten ordentlich was dran. Wieso gehst du dann ausgerechnet mit einer mageren Blonden fremd?«

»Marion, du weißt jetzt genug«, beendete ich das Gespräch und griff mir das Weinglas. »Dringe nicht weiter in mich, ein Kavalier . . .«

»Ach so, der Kavalier genießt und schweigt, wolltest du sagen, also hast du die Nacht mit dieser dürren Ziege auch noch genossen«, wurde sie scharf.

Zum Glück kam ein Anruf aus Hamburg, von der Chef-

redaktion. Ich rettete mich mit dem gewünschten Fußball-Kommentar für diesen Abend über die Runden.
Doch anderen Tags, kurz nach der Tagesschau, ging das Theater schon wieder los. »Wie hieß sie denn?« fragte Marion, kaum daß der Wetterbericht zu Ende war. Ich seufzte. »Namen nennen war nicht ausgemacht«, erklärte ich.
Um in Ruhe den Krimi mitzukriegen, ließ ich mich schließlich zu einem Kompromiß überreden: »Ihr Vorname war Lisa.« Um in Ruhe auch noch den Nachtfilm genießen zu können, gab ich noch eins drauf: »Von Beruf war sie Serviererin.«
»Und was hat dir diese Lisa in jener Nacht alles serviert?« wurde Marion anzüglich.
Auf diesem Niveau zeigte ich mich jedoch keinesfalls bereit, die Unterhaltung fortzusetzen. Aber ich ahnte, mein Ehefrieden war in höchster Gefahr und damit auch die morgige Harald-Juhnke-Abendsendung im Fernsehen.
Um aus dem Schlamassel wieder herauszukommen, beschloß ich, Marion zu gestehen, daß ich die blonde Super-Hexe frei erfunden hatte.
Dazu kam es vorerst nicht. Schon beim Frühstück mußte ich feststellen, daß sie bereits einen neuen Pfeil im Köcher hatte. »Max, hattest du nicht auch was mit Petronia?« wollte sie plötzlich wissen. Es handelte sich dabei um die rothaarige Sekretärin eines mir befreundeten Fußball-Präsidenten.
Mir wurde heiß. Denn mit besagter Petronia verband mich tatsächlich ein feuchtfröhlicher Abend nach einer

Siegesfeier ihres Vereins, der sich bis in das Morgengrauen hingezogen hatte.

»Quatsch«, entgegnete ich zornig, »jetzt reicht's mir. Ich hatte nichts mit dieser Petronia. Hörst du, nichts!«

»Schließlich hast du ja schon zugegeben, mich betrogen zu haben«, wurde sie lästig.

»Okay, das war ein Fehler«, gab ich zu, »aber das war ja nicht wahr, was ich dir erzählte. Ich tat das ja nur, um meine Ruhe vor deiner dummen Fragerei zu kriegen. Die ganze blonde Hexe war frei erfunden.«

»Du gibst also zu, im Falle Lisa gelogen zu haben?« fragte Marion.

»Ja, zum Teufel, Weib«, wurde ich sauer, »ich gebe es zu.«

»Na also«, sagte Marion kühl, »wie soll ich dir dann glauben, daß du mir über diese Petronia die Wahrheit erzählst? Du kennst doch den Spruch, Max, wer einmal lügt . . .«

Tochter Maxi riet mir davon ab, die Scheidung einzureichen. »Wir Frauen sind eben so, Paps«, belehrte sie mich. »Mit einer anderen kommst du nur vom Regen in die Traufe. Glaub mir, Mutti ist noch die Beste.« Dann holte sie den Staubsauger und reinigte den Teppichboden von meinen ausgerauften Haaren.

No sports?

Wer bezweifelt schon, daß Sport gesund ist?
Einzig Winston Churchill beantwortete die Frage nach dem Grund seiner geistigen und körperlichen Vitalität im hohen Alter bekanntlich mit: »No sports.«
Zweifel darüber, ob der Zigarren rauchende Whisky-Fan mit seinem Spruch nicht doch den Nagel auf den Kopf getroffen hat, beschleichen mich, wenn ich mir den Novatschek so ansehe.
Noch nie habe ich diesen Menschen in Vollbesitz seiner körperlichen Kräfte angetroffen. Wann immer wir uns in der Garderobe für das Match umkleiden, beginnt das Lamento: »Herr Merkel, ich will nicht klagen, aber mein rechter Knöchel macht mir nach wie vor Beschwerden.«
»War es vorige Woche nicht der linke?«
»Ach, von dieser Verletzung rede ich schon gar nicht mehr. Obwohl, wenn Sie wüßten, welche Schmerzen mir die Zerrung noch immer bereitet... Aber was soll's. Dazu meldete sich auch noch mein altes Meniskusleiden. Sie erinnern sich, bei unserem letzten Match, als Sie diesen gemeinen Stop spielten, den ich gerade noch erlaufen konnte, um den Ball ins Feld zurückzuschmettern?«
»Sagten Sie schmettern, Herr Novatschek? Ihnen ist, wenn

Sie sich freundlichst erinnern wollen, die Kugel vom Schlägerrahmen auf die Außenlinie meines Feldes getropft...«
»Ja, ja, Herr Merkel, es mag schon sein, daß zur Zeit nicht die gewohnte Wucht in meinen Schlägen steckt. Schließlich laboriere ich seit längerer Zeit an einem schmerzhaft entzündeten Ellenbogen. Ich hoffe, die Sache eskaliert nicht zu einem Tennisarm.«
Solchermaßen geschwächt, humpelt Novatschek auf den Platz. Beim Einschlagen entringt sich ihm noch manchmal ein Wehlaut, aber nur, wenn er einen Ball verschlägt. Doch kaum liegt er im Match im Vorteil, wieselt er den Bällen nach wie das junge Leben.
Nur in Fällen von Spielverlusten treten seine Schmerzen umgehend wieder zutage, nach einem verlorenen Satz verstärken sich seine Gebrechen ins Unermeßliche, im Falle einer endgültigen Niederlage wäre bereits ein Rollstuhl nötig, um Novatschek in die Garderobe zurückzubefördern. Der Mann ist gewiß ein extremes Beispiel, trotzdem kenne ich kaum einen Tennisspieler reiferen Alters, der nicht mit ähnlichen Problemen aufzuwarten hat.
Ganz abgesehen vom berüchtigten Tennisarm, meist durch sinnloses Draufdreschen verursacht, gibt es eine unglaubliche Palette von Zerrungen, Verstauchungen, Muskelrissen, Entzündungen in Füßen, Beinen, Schenkeln, Händen, Armen, Schultern; Sehstörungen und Atembeschwerden, von denen das Gros der Athleten des weißen Sports geplagt wird. Nur eins habe ich noch nie erlebt, daß irgendeiner dieser zum Teil spitalreifen Tenniskameraden ein Match wegen unerträglicher Beschwerden aufgibt, wenn es 4:2 für ihn steht.

Als Profi-Fußballer ist man Verletzungen gewohnt, weiß aber auch um die Tatsache, daß man sich vor einem Spiel warmlaufen muß. Diese Erkenntnis blieb den meisten Tennis-Athleten offenbar versagt. Ob Generaldirektoren, Techniker, Rentner, Metzgermeister, Automechaniker, Tapezierer, Rechtsanwälte, selbst Ärzte – sie haben eines gemeinsam: In einmaliger Übereinstimmung ihrer Sportler-Seelen, keine fünf Minuten nach dem aufwärmenden Einschlagen, welches das vom Tagesjob gestreßte Nervenkostüm entspannen, den Körper aufwärmen soll, schreit ganz bestimmt einer: »Spiel' ma?«

Und schon rennen oder hinken sie mit keuchenden Lungen dem Ball, dem unbekannten Wesen, hinterher, daß die morschen Knochen nur so krachen, man im Geiste schon die Achillessehnen peitschend reißen hört.

Mein Tennis-Kollege und Lieblings-TV-Showmaster Hans-Joachim Kulenkampff erzählte beim Umziehen auf einer Salzburger Tennisanlage die typische, wahre Geschichte:

»Ein ehemaliger Adjutant des letzten Deutschen Kaisers, Wilhelms II., pflegte bis ins hohe Alter von achtzig Jahren seinen geliebten Tennissport. Mit 83 kamen ihm Bedenken, er ging zum Arzt und bat: ›Herr Doktor, untersuchen Sie mich. Darf ich weiterspielen?‹ Die Diagnose des bayerischen Mediziners: »Sie dürfen, aber ja nicht dabei stürzen, sonst zersplittern S'.«

Mir erlaubt meine Frau nach wie vor die heißesten Fights gegen Novatschek und Konsorten. »Nur zum Zahnarzt mußt du regelmäßig gehen«, beschied sie mich.

»Warum?« lief ich ihr wieder einmal in meiner Einfalt ins Messer.

»Weil du dabei so oft in den Schläger beißt«, ätzte sie.
Ob der weiße Sport gesund ist oder nicht, darüber mögen die Ansichten geteilt sein. »Sicher ist«, erklärte mir mein Freund Sepp – auch ein Bayer, »im Bett sterben die mehreren als auf'm Tennisplatz.« –

Maxi lernt Tennis

»Marion, endlich interessiert sich Maxi für etwas anderes als die Sonderangebote in den Boutiquen«, freute ich mich. »Stell dir vor, sie will Tennis lernen. Das wird uns viel Geld ersparen, wenn sie ihre Freizeit nur noch im Klub verbringt.«

»Da wäre ich mir noch nicht so sicher«, meinte meine Frau.

Muß ich betonen, daß sie wieder einmal recht behielt?

Tatsächlich war Maxis Absicht, sich, dem Familientrend folgend, gleichfalls dem weißen Sport zu verschreiben, mit nicht unbeträchtlichen Startkosten verbunden. Wenn ich mich überdies der Hoffnung hingegeben hatte, das Gesprächsthema »Fetz'n«, wie wir im süddeutschen Sprachraum Textilklamotten nennen, sei nun vom Tisch und würde heißen Diskussionen um Vor- oder Rückhand oder Topspins weichen, lag ich auch hier schief wie der Turm von Pisa, der bekanntlich kurz vor seinem endgültigen Umfallen steht. Ungefähr so verliefen nunmehr die unvermeidlichen Samstag-Frühstücksgespräche:

»Mutti, beeil dich! Paps, du brauchst doch heute das Auto nicht, und du gehst doch mit Danny Gassi? Komm schon, Mutti, sonst ist das Röckchen womöglich schon weg.«

»Welches Röckchen?« spitzte ich die Ohren. »Ich dachte, Maxi beginnt in gesunder Luft Tennis zu spielen, statt sich stundenlang schweißtreibend in stickigen Boutiquen an- und auszuziehen?«

»Es geht doch um Tennis, Max«, verriet mir Marion, während sie den letzten Bissen des Frühstücksbrotes hinunterwürgte. »Maxi kann ja wohl nicht in Jeans und T-Shirt auf dem Platz agieren! Sie braucht Tennishemden, Röcke, Slips, Socken, Schuhe, Schweißband, Stirnband, Schläger, Tennistasche, Trainingsanzug, Bälle . . .«

»Ich geh' jetzt mit dem Hund . . .«, hoffte ich mich rechtzeitig aus der drohenden finanziellen Schußlinie entfernen zu können.

»Max, das alles gibt es nicht umsonst«, nagelte mich meine Frau fest. »Du warst einverstanden mit Maxis Entschluß. Wer A sagt, muß auch B sagen!«

Dieses B kostete mich viel Geld und Nerven. Sicherlich haben auch einige Freizeitlook-Boutiquen-Besitzer das Handtuch geworfen, bis Maxi endlich fähig war, in passender Kleidung, mit dem richtigen Material auf der Grundlinie zu erscheinen.

Im bescheidenen Tenniskleidchen von Lacoste, mit Schuhen von Nike, mit zu den Bällen passenden gelben Schnürsenkeln, der Schläger in Pink, farblich auf das Stirnband abgestimmt, und das Höschen, das beim Aufschlag – das hatte unsere Tochter vor dem Spiegel stundenlang gewissenhaft überprüft – ihren Po gerade noch dezent zur Geltung brachte.

Im Geiste überschlug ich, an wie vielen Kommentaren ich mir die Finger würde wundtippen müssen, um den Zaster

wieder zu verdienen. Es erinnerte mich an den Start von Profikickern, die ihren neuen Verein Millionen gekostet haben, bevor noch eine einzige Ballberührung stattfand. Ich tröstete mich mit dem Gedanken, das alles noch viel schlimmer hätte kommen können, wenn wir Zwillinge ... Schwamm drüber! Maxi stand also auf dem Platz, nachdem es noch einige heiße Debatten um den Trainer ihrer Wahl gegeben hatte, weil sie darauf bestand, daß nur ein schlanker, mindestens 1 Meter 80 großer blonder, nicht arroganter Typ mit leicht behaarter Brust ...

»Jetzt übertreibst du aber wieder mal schamlos, Max«, wies mich Marion beim Lesen dieser Zeilen zurecht. Maxi lachte dagegen fröhlich: »Schreib das ruhig, Paps! Vielleicht meldet sich dann endlich so ein Traumtyp bei mir.« Dann startete sie wie eine Rakete in ihr Zimmer, dabei hatte ich nur anklagend meine Arme hochgeworfen.

»Maxi hat unzweifelhaft sportliches Talent! Kein Wunder bei dem Erbgut, wenn ich mir diese Bemerkung erlauben darf, doch sie verfügt noch nicht über mein zähes Durchsetzungsvermögen. Wenn man eine Sache mal begonnen hat, muß man sie auch so gut wie möglich zur Perfektion bringen«, erwähnte ich zwei Wochen später meiner Frau gegenüber.

Da hatte Maxi, trotz hervorragendem Outfit und Pferdeschwanzfrisur, zwar eine Antenne zum Trainer, aber keineswegs zum Ball gefunden.

»Du bewegst dich am Platz wie eine Grazie! Aber das ist Tennis, Ballett tanzt man an der Oper«, wagte ich Kritik zu üben und verlor damit vorübergehend den Kontakt zu meiner Tochter.

Das Wunder geschah, als sie ihre beste Freundin in den Klub mitnahm und Maxis Trainer, wie ich von Marion erfuhr, sichtlich ein Auge auf den neuen Teenie riskierte. Von diesem Zeitpunkt an schien Maxi zum Format einer Monica Seles heranzuwachsen. Immer treffsicherer schlug sie die Bälle dem Trainer zurück, ihr Spiel besserte sich von Tag zu Tag. Auch mündliche Belehrungen ihres Lehrers, der keinerlei Zeit mehr fand, sich mit Maxis Freundin zu beschäftigen, konnte sie nicht genug über sich ergehen lassen.

»Was sagst du, Marion, Maxi nähte sogar ihr Röckchen kürzer, um schneller laufen zu können«, lobte ich.

Meine Frau sah mich darauf an, als hätte das Mondkalb persönlich sie angebäht.

Es dauerte leider nur einen Sommer. Dann wechselte der Trainer seinen Job, hatte ein höherkarätiges Engagement in Florida gefunden. Einige Tage beschäftigte sich Maxi mit Auswanderungsplänen, studierte Landkarten, sah sich im Fernsehen nur noch englischsprachige Kanäle an.

Dann erwachte jedoch über Nacht, nach einem vorausgegangenen Discobesuch, ihr leidenschaftliches Interesse fürs Surfen. Die Floridalandkarten verstaubten in einer Ecke, dafür war der Gardasee »in«. Maxi hatte einen Sportsurfer kennengelernt.

Diese Bekanntschaft ließ ihre Beziehung zum Tennis erkalten. »Mein Gott«, tröstete ich Marion, »was soll's! Das entlastet endlich unser Budget, die teuren Tennisklamotten, die hochbezahlten Trainerstunden ...«

»Da wäre ich mir nicht so sicher, Max«, meinte meine Frau. Muß ich betonen, daß sie wiederum recht ...

Aber konnte ich ahnen, was ein Surfbrett kostet, dazu ein Segel, ein lackzerkratzender Surfbrett-Träger fürs Auto, ein Surfanzug, Surfschuhe, daß es auch hochbezahlte Surflehrer gibt? Wie sollte ich wissen, daß auch für diesen Sport Freizeit-Boutiquen jede Menge Auswahl, auch in obersten Preislagen, bereithalten?
»Hoffentlich lernt Maxi nicht als nächsten einen Jockey kennen«, stöhnte ich bei Durchsicht meines Bankauszuges. »Weißt du Marion, was heutzutage ein Rennpferd kostet?«

Do it yourself

Ich schwöre es! Nie wieder versuche ich mich als »Do it yourself«-Spezialist. Nie wieder nehme ich einen Hammer zur Hand, um zu versuchen, einen Nagel in eine Wand zu schlagen.

Wer war schuld an allem Unglück? Natürlich der Novatschek. Dieser Typ schenkte mir doch heimtückischerweise die Vergrößerung eines Fotos, auf dem ich gerade einen meiner unübertrefflichen Überkopf-Schmetterbälle ins gegnerische Feld »smäsche«. Selbst meine Frau mußte zugeben: »Max, da machst du eine gute Figur.« Ich überhörte großmütig, daß sie noch »ausnahmsweise« hinzufügte. Lob von der Ehefrau erhält man bekanntlich nur sehr selten uneingeschränkt.

Zur Sache! Das Bild mußte an die Wand. Dazu brauchte man, wie schon angedeutet, einen Hammer, einen Nagel und ein Mindestmaß an handwerklichen Fähigkeiten. Das traute ich mir, obwohl mehr ein Arbeiter der Stirn, durchaus zu. Leider spießte sich die Sache an einem Betonziegel gerade unter der Stelle der teuren Tapete, wo ich nach gewissenhafter Abmessung der richtigen Augenhöhe für den günstigsten Betrachtungswinkel mit Bleistift ein Kreuz für den Einschlagpunkt des Nagels gekennzeichnet

hatte, der sich leider unter meinen kräftigen Hammerschlägen zur Unförmigkeit verbog. Ich opferte weitere Nägel, meinen linken Daumen und zuletzt auch noch die Achtung meiner Frau vor meinen geistigen Fähigkeiten, weil ich, statt aufzugeben, ein zugegebenermaßen immer gewaltiger werdendes Loch in die Mauer hämmerte, ohne den Widerstand des Betonziegels brechen zu können.
Erst als mir der Schuttberg zu meinen Füßen bereits bis zu den Knöcheln reichte, mein Daumen auf Ballongröße angeschwollen, mein Repertoire an häßlichen Flüchen ausgeschöpft war, fand ich mich bereit, mir den inzwischen sehr lautstark gewordenen Rat meiner Frau anzuhören:
»Du brauchst Dübel und einen Bohrer, Max, sonst schaffst du das nie!«
»Sehr witzig«, bellte ich zurück. »Und wo krieg' ich das Zeug her? Heute ist Sonntag...«
»Der Wendlinger«, scheute sie sich nicht den Namen meines Erzfeindes in den Mund zu nehmen, »hat so etwas bestimmt! Schließlich ist er Hobby-Handwerker.«
Ich schäumte. Zum besseren Verständnis: Nachbar Wendlinger und ich liegen seit Monaten im Streit. Die Fehde hat damit begonnen, daß unser Hund regelmäßig beim »Äußerln« den Eckpfahl des Wendlingerschen Zauns markierte. Hatte der Mann doch tatsächlich die Frechheit, mich zur Rede zu stellen.
»Mein Gott, lieber Herr Wendliger, was denkt sich schon so ein Tierchen dabei?« blieb ich friedfertig. »Ihrem Gartengatter insgesamt wird das bißchen Anpinkeln wohl nicht schaden«, versuchte ich freundlich die Angelegenheit unter die nachbarlichen Türdecken zu kehren.

Aber der Kerl zeigte keinerlei Einfühlungsvermögen in die Psyche eines Hundes. »Auch wenn Sie Herr Merkel sind«, erhob er die Stimme, »gibt das Ihrem Schnauzer nicht das Recht, an meinen Zaun zu pinkeln. Unterbinden Sie das doch in Zukunft, bitte.«

»Hören Sie, zum einen ist mein Hund kein Schnauzer, sondern ein reinrassiger Yorkshire-Terrier, zum anderen, wie soll ich das unterbinden.« Ich wurde eine Spur unfreundlicher: »Wenn mein Hund muß, muß er! Müssen Sie nie?«

»Ja, doch«, gab er zu, »aber ich stelle mich dazu nicht an Ihren Zaun, Herr Merkel.«

»Das möchte ich Ihnen auch nicht geraten haben, Sie ...«, beendete ich das Gespräch und damit auch unsere bisher ungestörte nachbarliche Beziehung.

Seither grüßen wir uns nicht mehr, genauer gesagt, wir vermeiden es schon, überhaupt in die Lage dazu zu kommen. Falls wir uns begegnen, schaut Wendlinger nach links, ich blicke nach rechts oder umgekehrt. Wenn sich unsere Autos an der Biegung der Straße kreuzen, führt das zu brenzligen Verkehrssituationen.

Unser armer Terrier litt anfangs sichtlich unter dem Verlust seines Lieblingspfahles, ist jetzt aber darüber hinweg, pinkelt an den Zaun eines anderen Nachbars, der ein Herz für Tiere hat. Der Stein des Anstoßes war eigentlich längst beseitigt, aber der »Krieg« ging weiter. Wenn Freunde von uns ihren Mercedes vor seiner Garageneinfahrt parkten, schlug der Wendlinger Krach, auch wenn sein Golf ohnehin gerade bei der Inspektion war. Und als einmal ein Bote eine falsche Adresse notiert hatte und bei Wendlingers

klingelte und nach mir fragte, erklärte der Mann doch glatt: »Wie, sagten Sie, ist der Name? Max Merkel? Wie buchstabiert sich das?«
Und von diesem ungehobelten Menschen sollte ich mir einen Bohrer und Dübel ausleihen?
»Nein, Marion, das hieße doch zu Kreuze kriechen, so was läuft nicht bei mir«, erklärte ich feierlich. Doch dann blickte ich in die Augen meiner Frau, die zuerst den Schuttberg, dann das Riesenloch in der Wand und zuletzt mich in meiner ganzen Größe musterten, registrierte das kalte Leuchten, das meistens dem Ausbruch eines Orkans vorausgeht.
»Okay«, kapitulierte ich rasch. Schließlich liebe ich meine Frau, warum sollte ich sie aufregen?
Ich wusch mir die Hände, klebte ein Pflaster über meinen lädierten Daumen und machte mich auf den Canossagang zu meinem Nachbar, fest entschlossen, unsere Feindschaft mit ein paar versöhnlichen Worten, einem gewinnenden Lächeln für alle Zeiten zu begraben.
›Was aber, wenn der Typ stur bleibt?‹ schoß es mir jäh durch den Kopf ... mir gar die Türe wies, mich höhnisch anlächelte: ›Ah, Herr Merkel, einen Bohrer brauchen Sie und Dübel? Jetzt, in der Not, kommen Sie auf dem Bauch angekrochen!‹
Mir schossen vier von meinen fünf Liter Blut in den Kopf. Wie sollte ich in solch einem Fall reagieren? Sollte ich, Max Merkel, mich verhöhnen lassen, von solch einem Subjekt?
Nein, ich würde dem Kerl eins auf die Nase geben. Was aber dann? sinnierte ich, während ich schon vor der Tür der Wendlingers stand und automatisch den Klingelknopf

drückte. Im Geiste las ich schon die Schlagzeilen in einem Massenblatt, in Balkenlettern: ›Max Merkel verübt Bluttat...‹ Ich dachte an Frau und Kind. Wie würden sie dastehen? Im Grund war's doch scheißegal, ob dem Novatschek sein Bild...

In diesem Augenblick öffnete Herr Wendlinger die Tür, lächelte freundlich, sagte: »Oh, Herr Merkel, ich freu' mich, was kann ich für Sie tun?« Aber da hatte ich mich schon entschieden: »Wissen Sie was, Herr Wendlinger«, fauchte ich, »stecken Sie sich Ihren Bohrer in den Allerwertesten, samt den Dübeln.«

Paps ist der Beste

»Max, Urlaub ist die schönste Zeit des Jahres. Warum regst du dich jedesmal so auf, wenn es endlich soweit ist?«
»Du hast leicht reden, Marion. Trägst du die Verantwortung für Hund, Kind, Gepäck, Tenniszeug, Rommékarten, Fotoapparat, Filmkamera, Surfbrett, Geld, Kreditkarte, Versicherungskarte, Straßenkarte, Wahl der richtigen Fahrtstrecke, der Abfahrtszeit? Du trägst nichts außer deinem Schminkkoffer.«
So beginnt sie Jahr für Jahr, die schöne Ferienzeit. Das Hotel ist gebucht, alle beruflichen Termine mit knapper Not abgesagt oder verschoben, eigentlich steht der Erholung nichts mehr im Weg, außer die liebe Familie und der Hund.
Danny, wenn ich unseren Yorkshire-Terrier einmal vorstellen darf, ist ein echtes Ferien-Problem. Welches Hotel nimmt heute schon einen Hund? Wir hatten mit viel Mühe so eine Beherbergungsstätte gefunden. In Portugal, an der Algarve.
Mit Maxi haben wir es da schon leichter, weil sie als Teenie – zumindest von der Touristik-Branche – nicht mehr als Kind, das lärmt, angesehen wird, ohnehin den vollen Zim-

merpreis berappen muß. Doch Maxi will nicht an die Algarve: »Das Sch . . .-Hotel hat nicht mal 'ne Disco«, bockt sie bis zum Schluß.
»Zum Teufel, wo bleibt deine gute Erziehung«, weise ich sie zurecht. »In welchen Kreisen verkehrst du, wenn deine Eltern nicht dabei sind? So ein unfeines Wort will ich von dir nicht mehr hören . . .«
»Max, laß das Kind in Ruhe, du gebrauchst doch selber solche Worte, unlängst erst hast du doch dem Präsidenten vom F. C. Dingsda am Telefon versichert, er könne dich, falls er dir mal im Mondschein begegnet . . .«
»Also, mit welchem Wagen fahren wir jetzt«, lenke ich das Gespräch wieder in gehobene Bahnen.
»Natürlich mit dem Mercedes«, sagt meine Frau. Maxi nickt und der Hund wedelt mit dem Schwanz.
»Kommt gar nicht in Frage. Wir kreuzen durch Italien, wenn wir nur für einen Augenblick unachtsam sind, ist das Auto weg, dazu unser Reisegepäck! Wir nehmen den alten Opel Kadett, den stiehlt keiner.«
»Max, der Mercedes ist doch gut versichert«, geht die Debatte weiter.
»Bin ich Beckenbauer? Wenn sie dem Franz in Mailand seinen 500er grapschen, fährt ihm am nächsten Morgen der Generaldirektor selber aus Sindelfingen die neueste Type bis vor die Hoteltür. Wir könnten uns wochenlang mit der Versicherung herumprügeln«, kläre ich meine Frau auf.
»Der Kadett hat keine Klimaanlage, wir werden uns auf dem Weg nach dem Süden zu Tode schwitzen.«
»Was hilft dir eine Klimaanlage in einem Wagen, der dir

gestohlen worden ist«, beharre ich auf meinem Standpunkt.
»Paps, wenn du in dem Opel sitzt, müssen wir das Schiebedach verbreitern lassen, damit du Platz für deinen Kopf hast«, ärgert mich meine Tochter, und Marion sinniert: »In dem Kofferraum bringen wir nicht so viel Gepäck unter. Was lassen wir hier?«
Um den zusätzlichen Ankauf eines Wagens der Mittelklasse zu vermeiden, streiche ich die Fahne. »Okay, wir nehmen den Mercedes, aber vorher montieren wir den Stern ab, damit uns wenigstens eine Erinnerung an das schöne Auto bleibt.«
Der Moment der Abreise naht. Der Wagen ist vollgepackt, das Surfbrett am Dach festgeschnallt, Marion, Maxi, ich und der Hund sitzen in unseren Positionen, wir schnallen die Gurte an. Ich starte den Wagen, biege um die nächste Ecke, da kommt's: »Max, halt an. Ich glaub', ich habe in der Aufregung die Pässe vergessen«, säuselt Marion. Ich steige auf die Bremse.
»Was soll das heißen? Habe ich sie dir nicht vor zehn Minuten zusammen mit dem Euroscheckbuch in die Hand gedrückt? Du wolltest sie doch in deinem Schminkkoffer ...«
»Max, du machst mich ganz nervös, und sag nicht immer Schminkkoffer zu meinem Beauty-Case. Ach ja, da sind sie, also fahr schon weiter.«
Ich ignoriere die Lichthupe meines Hintermannes, der fast auf unser Heck aufgefahren wäre, gebe Gas.
»Auf geht's«, sagt Maxi, der Hund bellt, der Hintermann überholt mich und zeigt mir den Vogel.

»Du blödes ...«, gerade noch rechtzeitig reiße ich mich am Riemen, um meiner Tochter nicht wieder ein schlechtes Beispiel zu geben, da fragt Marion: »Max, was glaubst du, haben wir eigentlich den Anrufbeantworter eingeschaltet?«

»Wie soll ich das wissen? Das wolltest doch alles du tun«, brause ich auf. »Maxi, hat deine Mutter den Anrufbeantworter ...?«

»Wie soll ich das wissen«, schnippelt sie zurück. »Ich mußte doch wieder einmal mit Danny äußerln gehen.«

»Was heißt hier wieder einmal«, errege ich mich. »Seit wir den Hund im Haus haben, bist du keine dreimal mit ihm vor die Haustür gegangen. Dabei wolltest du doch unbedingt den Köter!«

»Max!« wird meine Frau scharf, der Hund knurrt und Maxi trotzt, daß ich den Rückspiegel verstelle, damit ich mir ihre Miene nicht ansehen muß.

Wir fahren zurück. Der Anrufbeantworter ist eingeschaltet. »Na also, Max«, sagt meine Frau stolz, »du siehst, auf mich kann man sich verlassen.«

Wir verlassen endlich auch Putzbrunn. Auf der Autobahn stellt sich langsam Urlaubsstimmung ein. Im Autoradio unterhält uns Bayern 3 mit der Krimisendung, den Verkehrsnachrichten. Maxi hat die Augen geschlossen und ihren Walkman im Ohr, Marion studiert die Straßenkarte. »Max, ich glaube wir sollten besser kurz vor Genua ...«

Der Hund schläft.

Ich überhole zügig Trabis und Wartburgs, gewähre BMW-Limousinen großmütig Vorfahrt, da ist *er* auf einmal vor mir, das Gespenst meiner Alpträume: Der Autofahrer mit

dem Hut auf dem Kopf und der Klopapier-Rolle auf der Heckablage.

Wer ist dem Typ noch nicht begegnet? Langsam zuckelt er vor dir hin, solange es die Verkehrslage nicht erlaubt, ihn zu überholen. Doch kaum tritt man den Gashebel durch, um an ihm vorbeizuziehen, tut der Kerl das gleiche. Du quälst dich hinterher. Beobachtest mit Gänsehaut seine breit angelegten Überholmanöver. Mit gestochenen 120 rückt er zentimeterweise an der Seitenfront des Zwanzig-Tonnen-Sattelschleppers vor, der 110 drauf hat, bei Steigungen unentschlossen, ob er nicht aufgeben, das ganze später erneut probieren soll. Vor Parkplätzen blinkt er rechts, um sich die Sache im letzten Augenblick wieder zu überlegen, was mich zur Vollbremsung zwingt, weil ich gerade mit einem Stoßseufzer der Erleichterung den Motor aufheulen ließ, um den Typ endlich vergessen zu können.

Zwanzig Kilometer nagt er an meinen erholungsbedürftigen Nerven, dann biegt er endlich tatsächlich an einem Parkplatz ein, stoppt vor dem Toilettenhäuschen.

»Was grinst du so hämisch, Max«, fragt mich meine Frau.

»Weil der Kerl mit dem Hut jetzt seine Klorolle von der Ablage holen und endlich das tun müssen wird, was ich ihm schon die ganze Zeit über wünsche ...«

Dreißig Kilometer vor Salzburg geraten wir voll in den Urlaubs-Stau. Blech vorne, Blech hinten. Nichts läuft mehr, außer vor Hitze der Schweiß. Der Verkehrsfunk meldet Chaos. Eine Stunde ›Stop and Go‹.

Dann reicht's mir. »Runter von der Autobahn«, entscheide ich, »zurück nach München, wir fliegen.«

»Paps«, fragt meine Tochter, »ist dir nicht gut?«
»Max, sag mal, wieviel ist 17 und 23?« will meine Frau besorgt wissen.
Der Hund winselt. Ich bleibe stur.
»Es gibt Autofahrer, Paps«, erklärt mir Maxi, »die fühlen sich im Stau sehr wohl, das habe ich unlängst in der Zeitung gelesen. Wo sonst kommt man so leicht mit Leuten ins Gespräch?«
»Es gibt sogar Menschen, die fahren eigens Stau schauen«, muß meine Frau wieder das letzte Wort haben.
Eine Stunde später sind wir wieder in Putzbrunn. Der Anrufbeantworter hat eine Nachricht aufgezeichnet. Hamburg, die Redaktion rückrufen: »Max, wir brauchen dich. Da steigt ein Prominenten-Match, für einen wohltätigen Zweck. Beckenbauer, Paul Breitner, Günter Netzer haben schon zugesagt. Du sollst das Oldie-Team coachen, machst mit?«
»Klar«, sage ich.
»Wir müssen den Urlaub verschieben«, wende ich mich meiner Familie zu. Marions Blick läßt mein altes Ischiasnervleiden wieder aufleben. Der Hund zerrt an meinem Hosenbein. Nur Maxi fällt mir um den Hals. »Wir brauchen nicht an die Algarve?« jagt in ihr Zimmer und blockiert die Telefonleitung, um ihren Freundinnen die frohe Nachricht mitzuteilen: »Hör zu, also Paps ist der Beste ...«

Mix dich nie mit deiner Frau!

Kaum eine Ehe übersteht die Belastung eines Mixed Doppels. Als mich meine Frau bei unserem ersten gemeinsamen Auftritt auf dem roten Sand – sie hatte in feiner farblicher Abstimmung dazu ein zartblaues Röckchen zum weißen T-Shirt gewählt – selten fügsam fragte: »Max, wo ist meine Position?« erklärte ich es ihr so:
»Der weibliche Doppelpartner stellt sich am besten ganz nah an die äußerste Netzkante und verharrt dort so bewegungslos er nur kann. So wird der männliche Spieler am wenigsten in seinen Aktionen behindert.«
Obwohl der Satz erwiesenermaßen nicht von mir stammt, sondern von Bill Tilden, dem größten Tennis-Champion seiner Zeit, trat mich Marion ohne Vorwarnung voll gegen das Schienbein. Zu meinem Glück hatte sie Tennisschuhe aus äußerst weichem Leder an.
So beginnt's. Darum warne ich alle Tennisfreunde: »Mixet euch im Falle eines solchen Doppels mit wem immer, nur nicht mit der eigenen Frau.«
Unser erster »Krieg« am Tennis-Court eskalierte bereits nach wenigen Spielen. Da segelte ein Ball Marion direkt vor den Schläger, sie betrachtete ihn, als hätte sie das gelbe Ding das erstemal in ihrem Leben gesehen. Reaktion Null.

Nur das Racket hinhalten hätte sie müssen, es wäre unser Punkt gewesen! Statt dessen rief sie: »Max, deiner!« Natürlich erreichte ich trotz blitzschnellen Startes den Ball nicht mehr. In der Hitze des Gefechtes und infolge eines bedauerlichen Verlustes meiner Selbstkontrolle stieß ich ein häßliches Wort hervor, das in Anbetracht der Lautstärke und der Anwesenheit der Öffentlichkeit auch vor Gericht dem Tatbestand der Beleidung voll entsprochen hätte. Marion maß mich wortlos mit einem Blick, der für einen längeren Zeitraum, das lehrte mich die Erfahrung, nichts Gutes versprach. Wir beendeten das Mixed schweigsam, gewannen sogar glücklich. Doch der Ehefrieden war vorübergehend im Eimer.

Inzwischen wurden wir im Fegefeuer unzähliger gemischter Doppel zu einem Team geschmiedet, das sich unter Kontrolle hält. Bei einem uns nah bekannten Ehepaar jedoch, nennen wir es Meier, läuft bei ihrem Auftritt zu einem Mixed noch immer der ganze Klub zusammen, um von dem Spiel nur ja nichts zu versäumen.

Freund Meier, ein waschechter Bayer, verkündet seinen Spezln noch in der Garderobe: »Diesmal red' i ka Wurt, da kann mei Alte ihre Bälle verhauen wie s' will, 's bringt doch nix, sie läßt sich ja doch nicht belehren. Keine Ahnung von Tennis hat s', aber na, sie weiß alles besser, will mir das Spiel erklären, dabei müßt' mei Freund, der Max Merkel, erst amal ihr erklären, daß dös Runde der Ball ist.«

Aus Berichten meiner Frau weiß ich, was sich zur gleichen Zeit in der Damengarderobe abzuspielen pflegt: »Mein Gott, da steht mir wieder was bevor. Ich sag' euch, der Adi bringt mich noch an den Rand des Wahnsinns. Weil i z'

Haus alles für ihn mach', seine dreckigen Socken wegräum', wenn er s- in irgendein Eck schmeißt, ihm das Handtuch hinhalt', wenn er aus der Dusche kommt, damit er seine seifigen Augen net aufmachen muß, glaubt der Bazi, i bin auch auf dem Tennisplatz sei' Bedienerin. Da soll er sich sei' Bälle schon selber erlaufen, der Herr Oberg'scheit, bringt keinen Ball übers Netz, aber alles weiß er besser, und ich soll ihm folgen wie ein Hunderl? Ja was glaubt er denn, der ›Matscho‹?«

Solchermaßen im Gleichklang seiner Gefühle begibt sich das Ehepaar Meier, vorläufig noch siegessicher lächelnd, nach außenhin eheliche Zufriedenheit ausstrahlend, auf den Court. Da Meiers im Grunde ein gut eingespieltes Mixed sind, verlaufen die ersten Games meist durchaus erfolgreich. Aber irgendwann, und darauf lauert die gaffende Menge, kommt es zum ersten kleineren Disput.

Adi verschlägt einen Sitzer am Netz. Seine bessere Hälfte, Gerda, nimmt dies mit einem Kopfschütteln des blanken Unverständnisses zur Kenntnis. »Zwanzig Jahr' spielt er Tennis«, murmelt sie vor sich hin, während sie sich an der Grundlinie zum Aufschlag sammelt, »patzt wie ein Anfänger...«

»Halt keine Volksreden, Gerda, servier«, zischt ihr Ehemann vom Netz, damit dokumentierend, daß er den Murmler voll mitgekriegt hat. Gerda serviert ein As zum Spielgewinn. Der Triumph läßt ihr Antlitz erglühen.

»Jetzt reiß dich z'samm, Adi«, nutzt sie die Phase ihrer augenblicklichen Überlegenheit zu einer kleinen Belehrung. »Hau net so auf die Kugel drauf, spiel weich, auf Rückhand, siehst eh, daß die Lore da blind ist.«

Adi verzieht keine Miene, aber die nächsten Bälle drischt er ins gegnerische Feld, daß wahre Sandfontänen aufstauben. Weil er damit Punkte macht, hat er jetzt Oberwasser. Doch läßt sich dies nur an der Art und Weise ablesen, wie er verächtlich mit den Schultern zuckt, weil ein an und für sich traumhaft plazierter Stop seiner Frau sich um Millimeter an der Netzkante verfängt.
Gerdas Antwort ist ein Bellen: »Willst mi nerven, Adi? Kannst die Partie ja allein weiterspielen.«
Adi spricht weiter kein Wort. Nur beim nächsten Fehler Gerdas läßt er als Ausdruck der totalen Verständnislosigkeit über soviel Unvermögen den Schläger fallen. Sein Blick gegen Himmel spricht mehr als tausend Worte, und unter den Zuschauern beginnt sich das gewisse Prickeln breitzumachen, man spürt es förmlich körperlich: Es liegt was in der Luft.
Noch führt das Doppel Meier. Aber bei 5:4 und Einstand unterläuft Adi das Mißgeschick: In einem Topspin des Gegenspielers vermutet er einen Outball, nimmt ihn nicht an, obwohl er sich kurz vor der Linie eindeutig auf den Platz niedersenkt.
»Zum nächsten Match nimmst dir am besten an Blindenhund mit«, legt seine Ehehälfte sich nunmehr keinerlei Zwang an. »Mit deinem G'spiel kannst die Steffi Graf als Partnerin haben, und wirst dennoch eingehn wie ein Veilchen ...«
Noch immer bezähmt sich Adi. Noch kommt ihm kein Wort von den Lippen, nur sein Kopf zeigt knallrot an, daß eine Atombombe des Zornes in seinen Eingeweiden auf die unvermeidliche Explosion wartet.

Es steht 5:5 und das Ehe-Barometer auf Orkan. Die Atombombe explodiert, und der Sturm bricht los, als im darauffolgenden Game, bei 40:30 für Meiers, Gerda einen Sitzer vernudelt.

Adis Kehle entringt sich ein heiserer Schrei: »Geeeeeerda!« Gerdas Antwort ist ein Blick, der Feuer sprüht. Dann zieht sie alle Register ihrer Wortgewaltigkeit. »Du Antisportler, verschlagst du vielleicht nichts? Laufen kannst nicht, weil dir da dein Bierbauch im Weg ist, den Schläger haltst wie einen Dreschflegel, du bayerischer Gebirgsdepp, aber mei Mutter hat mich scho' vor dir g'warnt, hätt' i ihr nur g'folgt, da wäre mir viel erspart geblieben.«

Adis Zornesader schwillt noch um eine Kleinigkeit an, aber er beherrscht sich, nur ein Wort entringt sich seinen Lippen: »Xanthippe!«

Jetzt mischt sich das gegnerische Doppel in die Diskussion: »Spielt's doch weiter, streiten könnt's z' Haus auch!« Meiers blicken sich an. Und nun ereignet sich das Unfaßbare, das bei Meiers immer passiert. Plötzlich wenden sich die Fronten.

Den ganzen geballten Zorn der Meiers bekommt jetzt nicht der Ehepartner, sondern der Gegner zu spüren. Mit ungeahnter Spielstärke fegt das Mixed Doppel Meier über seine Kontrahenten hinweg, bringt den Rest des ersten Satzes problemlos über die Hürden und siegt im zweiten überlegen 6:1.

Strahlend nehmen Meiers die Glückwünsche entgegen. In der Herrengarderobe erklärt Adi dann: »Seht's Burschen, gut hat s' g'spielt, mei Gerda. Frauen muß man

halt behandeln können, sie müssen den starken Arm des Mannes spüren, auch am Tennisplatz, sonst spuren s' nicht.«

In der Damengarderobe Gerda: »Na, der Adi hat zum Schluß recht brav g'spielt. Er braucht halt ein bißchen einen Zuspruch, wie alle Männer, sonst funktionieren s' halt nicht, die Bazis.«

Wie ich auf den Hund kam

»Nix Fisch, nix Vogel, nix Katz', nix Hund... rrrraaus!!!« brüllte mich der kleine, dürre burgenländische Magyare an, der dem Drei-Sterne-Hotel am Neusiedler See vorstand. Wir hatten Zimmer bestellt, unseren Danny allerdings vergessen zu erwähnen.

»Lieber Gott, der du mir die Kraft eines Stiers gegeben«, betete ich insgeheim, »hindere mich jetzt am Zuschlagen.«

»Komm, Max«, versuchte meine Frau angesichts meiner geschwellten Zornesader die Lage zu entschärfen. »Es gibt noch andere Häuser. Reg dich nicht auf...«

Nur meiner außergewöhnlichen Selbstbeherrschung hat es der kleine Dürre zu verdanken, daß er weiter nach Knoblauch stinken darf. Begnügte ich mich doch zuletzt, ihm lediglich meinen Standpunkt klarzumachen. Vielleicht erhob ich meine Stimme dabei ein wenig.

Wir straften Wirt und Herberge mit Verachtung, nur Danny gab dem Haus noch schnell die gebührende Antwort, hob das Haxl und markierte an der Hoteltür. Vermutlich eine Warnung an seine Artgenossen: »Achtung, hier sind wir unerwünscht.«

»Nichts als Ärger mit dem Köter«, monierte ich, als wir wieder im Auto saßen und auf Quartiersuche gingen.

»Nenn Danny nicht Köter«, wies mich Marion zurecht. »Wenn Maxi das hörte ...«
»Wenn Maxi das hörte!! Unsere Tochter ist doch schuld an all den Kalamitäten, die wir durch dieses reizende Hündchen haben«, begann ich mich schon wieder zu erregen. Damit niemand auf den Gedanken kommt, ich, Max Merkel, wäre ein Unmensch oder gar Tierfeind, erzähle ich jetzt die Geschichte, wie ich auf den Hund gekommen bin.
»Paps, ich möchte einen Freund«, flötete meine Tochter. Damit begann's.
»Mit wem telefonierst du eigentlich täglich drei Stunden, sind das lauter Feinde?« fragte ich.
»Nein, Paps, ich rede nicht von Menschenfreunden«, erklärte mir Maxi es so ähnlich, wie Mogli es seinen Kumpeln Balu und Baghira anvertraut hätte, offenbar las sie gerade Kiplings ›Dschungelbuch‹. »Ich will einen Hund.«
»Kommt nicht in Frage«, beendete ich kurz das Thema, nicht ahnend, daß mich eben nur die Spitze des Eisberges gestreift hatte, der mir an Unannehmlichkeiten noch ins Haus stand. Die Woche drauf ging's weiter. Diesmal war Marion am Zug, Maxi hatte sie natürlich herumgekriegt.
»Max, du bist doch so oft von zu Hause weg«, eröffnete sie diplomatisch, wie Frauen sind, das Gespräch. »Maxi und ich fühlen uns manchmal wirklich sehr allein, auch unbeschützt.«
»Wieso?« wunderte ich mich. »Ihr klebt doch jeden Abend an der Fernsehkiste. Wenn dir wirklich der Sinn nach Geselligkeit stünde, viele unserer Freunde würden sich freuen, endlich wieder einmal eingeladen zu werden. Und was Maxi betrifft, bringt unsere Tochter jederzeit mühelos

eine komplette Fußballmannschaft an Jungs und dazu noch ein Dutzend Freundinnen auf die Beine, falls sie eine Party in unserem Weinkeller geben will – wovon ich dringend abrate. Zum besseren Schutz der Familie kann ich natürlich eine Alarmanlage installieren lassen.«

Die Runde ging noch an mich, Marion hatte mich bloß mal abgetastet, wie das in der Sprache der Boxer heißt. Zwei Tage später kam der Gong zur nächsten Runde.

»Max, ich hab' mit Maxi gesprochen. Sie kränkt sich, sie ist sehr enttäuscht, sie hatte sich so auf einen Spielkameraden gefreut.«

Mir wurde weich ums Herz, aber ich blieb hart. Schöpfte ich doch aus der reichen Erfahrung meines Lebens die Erkenntnis, wie leicht eine einzige schwache Minute im Umgang mit Frauen einen Mann in unvorstellbares, langzeitiges Ungemach stürzen kann.

»Nein, kein Hund«, entgegnete ich und beschloß wie einst Cato, der im römischen Senat jede seiner Reden mit den Worten beendete: »... im übrigen bin ich der Ansicht, daß Karthago zerstört werden muß«, jede mögliche weitere Debatte meinerseits mit obigem Satz im Keim zu ersticken.

»Du hast ja recht, Max«, nahm Marion mir jedoch hinterlistig den Wind aus den Segeln.

»Also kein Hund?« vergewisserte ich mich nochmals mißtrauisch.

»Nein, Maxi hat schweren Herzens darauf verzichtet.«

»Unsere Tochter ist doch einsichtig«, freute ich mich, »sie hat erkannt, was für Probleme so ein Tier mit sich bringt. Man muß Tag und Nacht mit dem Vieh äußerln gehen, kann nicht mehr problemlos in die Ferien fahren, be-

kommt Ärger mit den Gerichten, wenn der Köter den Briefträger ins Hosenbein beißt, die Nachbarn beschweren sich, weil der Pinscher sie aus dem Schlaf bellt . . .«

»Ist ja schon gut, Max«, bremste Marion meinen Redefluß, »Hund ist out.«

»Maxi darf sich dafür auch etwas wünschen«, zeigte ich mich dankbar. »Was hätte sie denn gerne?«

»Einen Kanarienvogel.«

»Einen Kanarien . . . was?«

»Einen Kanarienvogel«, wiederholte Marion, »einen Harzer Edelroller.«

»Ist sie vom wilden Affen gebissen?« ging ich die Tapete hoch. »Wer wird die bedauernswerte Kreatur füttern, wer wird täglich für frisches Wasser sorgen, wer den Käfig ausmisten?«

»Maxi, natürlich«, sagte Marion.

»Sagtest du natürlich?« verfiel ich in reinstes Hochdeutsch, ein sicheres Zeichen dafür, daß der Kessel meiner Erregung kurz vor dem Sieden war. »Erinnerst du dich an den Wunsch unserer Tochter nach einem Aquarium, mit vielen Pflanzen, Schwärmen von Fischen, mit Schnecken, Krebsen und sonstigem Getier? Den Erlös harter Schreibarbeit an vielen Fußball-Kommentaren hat dieses Hobby verschlungen! Wie viele der exotischsten, hochpreisigsten Fischlein, ganze Pflanzen-Dschungel, auch nicht billig, und jede Menge Fischfutter, Belüftungs-, Bewässerungs-, Heiz- und weiß der Teufel was für Anlagen hat es mich gekostet, und was blieb am Ende von nur wenigen Wochen von all dem, was da wuchs, schwamm und kreuchte, übrig? Ein halb verhungerter Goldfisch, ein paar brustschwache

Krebslein, und nur die Schnecken haben sich vermehrt. Nein, ich sage dir, Marion, ein Kanarienvogel kommt mir nicht ins Haus, nur über meine Leiche.«
Machen wir es wieder einmal kurz. Der Reihe nach wurden mir in den nächsten Wochen an verschiedenbeinigen Hausgenossen angeboten: eine Schildkröte, zwei (!) Katzen, ein Laubfrosch, ein Papagei und eine weiße Maus, von der ich mir bis heute nicht sicher bin, ob das nicht eine Anspielung auf meine Vorliebe für ein abendliches Viertel Wein sein sollte.
Als Maxi und Marion begannen, mir die Vorzüge eines Goldhamsters anzupreisen, kapitulierte ich mit dem heiseren Satz: »Dann schon lieber einen Hund.« Doch setzte ich noch vorsichtigerweise hinzu: »Aber das Tierchen darf nicht mehr als fünf Kilo wiegen, damit wir es im Flugzeug mitnehmen können, falls wir in die Ferien fliegen.«
Maxi fiel mir um den Hals, Marion verzichtete für Tage darauf, mich bei jeder sich ergebenden Gelegenheit vorwurfsvoll anzusehen. Alles war wieder Sonne und Waschtrog bis zu dem Tag, da Danny über die Schwelle unseres Hauses wetzte, an meinen Hosenbeinen schnupperte, die Zähnchen fletschte und knurrte.
Danny – sein voller Name lautet übrigens Yoster von Ascot – ist, wie schon einmal in diesem Buch erwähnt, ein Yorkshire-Terrier. Ich sah im Lexikon nach: ›Die Rasse ist bevorzugt für Jagd unter der Erde und in Höhlen bestimmt.‹
»Wir haben zwar keine Höhlen in unserem Haus, aber im Garten unter der Erde könnte der Hund die Maulwürfe

vertreiben«, erwähnte ich meiner Familie gegenüber den einzigen nützlichen Zweck, den ich in der Bereicherung unserer Hausgenossenschaft sah.

»Paps, du bist ein Unmensch«, schleuderte mir meine Tochter ins Gesicht, Marion warf mir das erstemal seit Wochen wieder einen ihrer vorwurfsvollsten Blicke zu, und der Hund, der Danny hieß, hob drohend das Haxl, genau vor meinem rechten Hosenbein.

Vermeiden will ich, zu erzählen, wie knappe vier Kilo Lebendgewicht mich mit meinen 98 Kilo in Windeseile aus dem Mittelpunkt der Familie ins Abseits verbannten.

Danny wedelte mit dem Schwanz, meine Familie strahlte. Danny biß ausnahmsweise einen Besucher nicht gleich ins Bein, schon hieß es »braves Hundi«.

Danny zerfetzte, weil einmal zu lange allein gelassen, unsere schönste Perserbrücke, da protestierte meine Familie, als ich ihn in die Mangel nehmen wollte: »Paps, sei ja nicht böse zu dem armen Tier. Mein Gott, was kann der Hund dafür, wenn wir so grausam zu ihm sind.« Und Marion meinte: »Der Teppich hatte ohnehin ein scheußliches Muster.«

Als ich mich nicht enthalten konnte, Danny einen leichten Klaps auf sein Hinterteil zu verabreichen, weil er gerade dabei war, meine Hauspantoffel aufzufressen, und der Köter in gemeiner Übertreibung erbarmungswürdig winselnd zu meiner Frau in die Küche kroch, brach meine Familie jede Beziehung nicht finanzieller Natur zu mir ab.

»Tempora mutantur«, das heißt, die Zeiten ändern sich, sagt Maxi, die im Gymnasium Latein mit mäßigem Erfolg lernt und es zumindest wissen müßte. Irgendwann begann

also meine Familie – ich glaube, es geschah zum Zeitpunkt einer geplanten größeren Anschaffung für Maxi im modischen Textilbereich – wieder, wohlwollend Kontakt mit mir aufzunehmen. Da Maxi, wie eingangs erwähnt, durch vorgebliche Schularbeiten, Telefongespräche, die sie gerade führte oder erwartete, Besuche ihrer Freundinnen oder ähnlich unaufschiebbar Wichtiges, meist verhindert war, ging ich nun auch mal mit Danny äußerln. Dabei entdeckte ich mein Herz für Yorkshire-Terrier und Danny offensichtlich sein Herz für Ex-Fußballtrainer. Wir stellten fest, daß wir gemeinsame Interessen hatten. Denn wenn ich ihm einen alten Tennisball in die Wiese kickte, so einen Spielpartner wie Danny hätte ich in meiner Profikarriere als Kicker gebraucht: Wo immer ich ihm den Ball hinschoß, startete er wie eine Rakete, übernahm die Kugel, und Sekunden später hatte ich sie wie beim Doppelpaß präzise wieder vor meinem Schußfuß.

Wir begannen uns zu verstehen. Um so besser, als Danny auch genau die Nachbarn verbellte, die ich am liebsten auf den Mond wünschte, und froh bei jenen mit dem Schweife wedelte, mit denen mich gleichfalls bestes Einvernehmen verbindet. Als ich das liebe Tierchen einmal auf den Tennisplatz mitnahm und es dem Novatschek seine gezinkten Bälle, die er mir stets aufdrängen will, zerbiß, streichelte ich Danny zur Belohnung. Seitdem hat er endgültig meine Zuneigung gewonnen.

Immer wenn ich von langer, harter Fußball-Tour nach Hause komme, den Mercedes in die Garage parke, kratzt Danny schon von innen an der Haustür, empfängt mich japsend, und nur wenn ich meinen Reisekoffer packe, zieht

er mich bellend am Hosenbein, aber in die verkehrte Richtung, von der Tür zurück ins Zimmer.

Leider ist unser Hund verletzungsanfällig wie ein Profi-Kicker: Bänderrisse, Zerrungen, Verstauchungen plagen ihn am laufenden Band und mich die Tierarztkosten.

»Der Hund ist schon öfter operiert worden als ich«, bilanzierte ich erst kürzlich. Aber: »Ohne Danny könnte ich mir mein Leben gar nicht mehr vorstellen«, erklärte ich in einer weichen Stunde meiner Familie.

»Und warum?« fragten Maxi und Marion wie aus einem Mund. Da war aber gerade meine weiche Stunde zu Ende.

»Weil der Köter«, grantelte ich, »wenn ich nach Hause komme, der einzige ist, der sich wirklich freut.«

Auf allen Kanälen ist Ruh'

Max, die Fernbedienung ist kein Maschinengewehr! Warum drückst du dich schon wieder durch alle Kanäle, da kriegst du doch von keinem Programm etwas mit?« ruft Marion aus der Küche, derweil ich im Wohnzimmer vor der Glotze hocke.
»Das kann dir doch egal sein«, brülle ich zurück, »du kochst doch gerade, oder kannst du vielleicht um zwei Ecken sehen?«
»Das nicht, aber um zwei Ecken hören! Einmal dröhnt 'ne Rockband, dann quakt Donald Duck, dann kracht's wie verrückt, wahrscheinlich ein Wildwest-Film, und dazwischen toben irgendwelche Box- oder Fußballfans, bis wiederum Beethovens Neunte meine Teller im Geschirrspüler zum Klirren bringt. Das macht mich ganz nervös! Eben habe ich vergessen, das Ei in die Suppe zu schlagen.«
Wir besitzen nur ein Fernsehgerät, deshalb gibt's immer wieder Zoff. Marion will die »Bill Cosby Show« sehen, Maxi »Fackeln im Sturm«, ich Dortmund gegen Leverkusen und Danny die »Chappy«-Reklame. Bei 17 Kanälen wäre da im Grunde für jeden was drin, aber, wie gesagt, wir haben nur den einen Flimmerkasten.
Also entschied ich eines Tages salomonisch: »Jeden Tag

hat ein Familienmitglied die Wahl wie die Grünen im Bundestag, streng nach dem Rotationsprinzip.«
Das funktionierte nur eine Woche lang. Dann ging das Tauschgeschäft los.
»Paps, ich weiß, es ist dein Tag, aber laß mich heute den Thomas Gottschalk gucken, dafür kannst du morgen meinen Part übernehmen«, schmeichelte Maxi mir meine Sportsendung weg.
»Okay«, wurde ich schwach.
»Max, du hast doch mit Maxi den Fernseh-Tag getauscht, aber heute abend läuft die Harald-Juhnke-Sendung, dafür kannst du morgen meinen Tag . . .«
Innerhalb kürzester Zeit hatte ich von dem Herumgetausche total den Überblick verloren. Wann immer ich mich vor das Gerät setzen wollte, hatte ich die Sendezeit garantiert an ein Familienmitglied weggetauscht. Nur Danny hielt sich aus der Sache raus, knurrte nur, wenn sein »Chappy« nicht rechtzeitig auf dem Schirm erschien.
So biß ich in den sauren Apfel und schaffte ein Zweitgerät für Marion an.
Doch auch hier gab es Probleme. »Max, du kannst doch nicht im Ernst glauben, daß ich abends auch noch in der Küche fernsehe, wo ich ohnehin den halben Tag zwischen den Kochtöpfen verbringe«, protestierte sie.
»Dann kommt der Kasten eben ins Büro.«
»Was erzeugt das denn für eine Stimmung, stell dir vor, da läuft ein Erotikfilm, und du sitzt zwischen offenen Rechnungen und Steuerbilanzen?!«
Das konnte ich mir in der Tat nicht stimmungsfördernd vorstellen. »Dann in den Weinkeller?« schlug ich vor.

»Damit du endlich einen Grund hast, dich unauffällig dahin zurückzuziehen!«
Wir einigten uns als Position auf das Schlafzimmer und mich als Benützer.
Das löste seltsamerweise das Problem vorübergehend. Denn kaum lag ich im Bett und schaltete die Kiste ein, auf welchen Kanal auch immer, entschlummerte ich Minuten später sanft und friedlich.
Doch, wie schon gesagt, der Zustand hielt nur vorübergehend. Eines Abends gesellte sich meine Frau zu mir, es lief die aktuelle Sportschau, die einzige Sendung, die mich wach zu halten in der Lage war.
Sie trug ein mehr ent- als verhüllendes Spitzenhemdchen. Ein Anblick, der mühelos in der Lage war, meine Gedanken sogar von Otto Rehagels inhaltsschwerem Fußballkommentar abzulenken.
Anderen Morgens stellte ich das Zweitgerät zur Begeisterung meiner Tochter in deren Zimmer.
»Im Schlafzimmer wirkt das Ding wie eine Schlaftablette«, erklärte ich ihr den Grund.
»Was ist da schlecht dran, Paps?« wunderte sie sich.
»Frag deine Mutter«, wich ich der Antwort aus. »Von Frau zu Frau läßt sich das sicher einfacher erklären.«
Seitdem haben Marion und ich wieder gemeinsam ein TV-Gerät. Der Streit darum geht unterschwellig weiter, hat sich aber weitgehend entschärft.
Ich lasse Marion ungestört ihre Musicals und Familienserien gucken. Sie räumt dafür bei Sportsendungen das Feld. Nur mit Kritik an ihrer Programmwahl kann ich einfach nicht zurückhalten.

»Max, du kommst heim, bist noch im Vorraum, hast keine Ahnung, welche Sendung läuft, und plärrst schon los: ›Marion, was schaust du dir schon wieder für einen Sch... an?‹« ärgert sie sich.
Bis ich kürzlich wieder mal nach Besorgungen in der Stadt über die Schwelle unseres Heims trete, meine Frau beim gemütlichen Bügeln vor dem Fernseher überrasche und ins Wohnzimmer meckere: »Marion, was ist das schon wieder für eine Deppen-Sendung, da schau dir doch lieber gleich den Musikanten-Stadl an.«
»Dieser Sch..., lieber Mann«, ließ Marion sich die Worte auf der Zunge zergehen, »den ich mir gerade ansehe, ist die Aufzeichnung einer Fußball-Talk-Show mit Max Merkel.«

Wo eine Stunde nur 45 Minuten hat

Sie wollen wissen, ob es mir endlich gelungen ist, den Novatschek zu schlagen? Leider nein. Doch ich gestehe es, ich habe dieses Ziel natürlich nie aus den Augen verloren. Selbst vor teuren Lehrstunden scheute ich nicht zurück, um diesem Menschen auf dem Tennisplatz auf gut bayerisch endlich mal zeigen zu können, »wo der Bartl den Most holt«. Fast ehrfürchtig lauschte ich den Ausführungen eines mir wärmstens empfohlenen tschechischen Trainers namens Wenzel Prszkracek oder so ähnlich, wurde doch in unserem Klub über ihn hinter vorgehaltener Hand geraunt: »Der Mann soll in einem Prager Jugendturnier dem Ivan Lendl einen Satz abgenommen haben.«
»Herr Merkel, vergessen Sie alles, was Sie über Tennis wissen«, erklärte mir Herr Prszkracek oder so ähnlich, nachdem er sich fünf Minuten meine ausgefeilten Schläge angeschaut hatte. »Vielleicht ist es noch nicht zu spät, wir müssen Ihr Spiel von Grund auf umstellen.«
Das erste, was mir Herr Prsz..., nennen wir ihn lieber einfach Wenzel, beibringen wollte, war, den dreifachen Stundensatz bei ihm zu buchen. »Denn das wird eine langwierige Aufgabe werden, Herr Merkel.«

Da mußte ich an meinen Freund Raimund denken, der hatte sich von seinem Trainer gleich einen preisgünstigen 24-Stunden-Block einreden lassen. Doch schon nach einer Woche hatte sein Lehrer resigniert: »Wissen Sie was, Sie werden das Spiel nie erlernen, vergessen Sie die Sache, ich gebe Ihnen das restliche Geld zurück, laden Sie dafür lieber ihre Frau zum Essen ein.« Der Vorfall belehrte mich, nur Einzelstunden zu belegen.

Nachdem das Finanzielle geregelt war, wurde Herr Wenzel zum Telefon gerufen. »Üben Sie inzwischen Aufschlag, Herr Merkel«, bedeutete er mir. Fünf Minuten später kam er wieder. Jetzt übten wir erst einmal, die Bälle, die ich mit meinen Kanonen-Services quer über drei Plätze verschlagen hatte, in seinen Drahtkorb zu klauben.

Danach wurde Herr Wenzel wieder zum Telefon gerufen. »Üben Sie nur weiter Aufschlag, Herr Merkel, denn das ist das Wichtigste im Tennis, denken sie an Boris Becker. Werfen Sie den Ball etwas höher und weiter vor den Körper«, belehrte er mich noch zuvor.

Also versuchte ich mich bis zu seiner erneuten Rückkehr in Assen und Doppelfehlern. Zumindest was letzteres betrifft, gelang es mir mühelos, Boris Becker darin zu übertrumpfen.

Nach Herrn Wenzels Rückkehr klaubten wir wieder die Bälle in seinen Korb. »So, Herr Merkel«, ging Wenzel die Sache jetzt anscheinend schwungvoll an, ohne ein Wort über meine Aufschlagkünste zu verlieren, wie sollte er auch, er hatte ja davon nichts mitgekriegt, »nun wollen wir uns mal einen klassischen Topspin vornehmen.«

Wir, das heißt, Herr Wenzel holte sich die Bälle aus dem

Korb und zeigte mir, wie perfekt er selbst diesen Schlag beherrschte. Sein rechtes Knie berührte fast den Boden, so demonstrativ tief ging er unter den Ball, der Schläger »bürstete« ihn hoch: »Man muß dabei die Saiten klingen hören.«

Dann klaubten wir wieder die Bälle in den Korb. Darauf wurde Herr Wenzel zum Telefon gerufen. »Üben Sie das mal mit der Ballmaschine, Herr Merkel«, sagte er noch.

Als er zurückkehrte, hatte ich die Ballmaschine mit gewaltigen Vor- und Rückhandschlägen, die zwar meine Saiten nicht zum Klingen, sondern eher zum Reißen brachten, die ich aber für Topspins hielt, fast vom Platz gefegt. Darauf klaubten wir wieder die verschossenen Bälle in den Drahtkorb.

Nun blickte Herr Wenzel auf seine goldene Armbanduhr: »Danke, Herr Merkel, das war's für heute«, verkündete er, während am Spielfeldrand der Lichtblick dieser Trainerstunde auftauchte, Herrn Wenzels hervorragend gebaute blonde Freundin. Mein Trainer kassierte mit weltmännischer Gelassenheit sein Honorar von 60 Mark und begab sich nebst Freundin in die wohlverdiente Ruhepause.

»Was hast du heute gelernt, Max?« fragte mich meine Frau zu Hause. »Daß eine Trainerstunde 45 Minuten dauert«, berichtete ich wahrheitsgemäß.

Weil Herr Wenzel mir nach einiger Zeit nichts mehr beibringen konnte, was mein Spiel hätte verbessern können, wechselte ich zu einem »Tennis-Professor«. Dieser Mister Henry, dem der Ruf vorausging, ein ehemaliger Studentenmeister von Mississippi – oder war's Missouri? – in den Vereinigten Staaten gewesen zu sein, hatte angeblich

einige streng wissenschaftliche Bücher über den weißen Sport verfaßt. Sogar Spieler wie McEnroe und Connors hätten sich seine darin niedergelegten Theorien zu Nutze gemacht, wurde mir bedeutet.
Professor Henry wurde während seiner Trainerstunden mit mir nie zum Telefon gerufen. Er verharrte die vollen 45 Minuten am Platz, scheute auch vor einer Draufgabe nicht zurück. Auch Bälleklauben fiel bei ihm flach, ja genaugenommen kam es überhaupt kaum zu irgendwelchen Ballberührungen, denn Mister Henry dozierte Tennis.
»Herr Merkel, Sie müssen sich bei der Vorhand seitlich stellen, den Schläger sich als Speer vorstellen, mit dem sie den rechten Netzpfosten treffen wollen. Im letzten Augenblick aber ziehen Sie voll durch, so schlagen Sie einen perfekten Cross.«
Mit Mühe gelang es mir, meinen Schläger als Speer anzusehen, aber dann auch noch den Ball zu treffen, damit war ich eindeutig überfordert. »Sie müssen den Kopf senken, das rechte Ohr muß dabei fast an der Schulter aufliegen«, gab mir Mister Henry eine Hilfe. Stundenlang übte ich das zu Hause vor dem Schlafzimmerspiegel, senkte den Kopf, ließ ungeachtet der dabei entstehenden Schmerzen das rechte Ohr meine Schulter berühren, verharrte so minutenlang, bis ich meine Frau dabei überraschte, wie sie im Telefonbuch nach der Nummer eines Psychiaters suchte.
Mister Henrys Unterrichtsstunde bestand im Grunde aus einer einzigen Rede, in der er mir unter Zuhilfenahme von Video-Aufzeichnungen von den Spielen großer Stars wie Lendl, Becker, Edberg die verborgensten Geheimnisse des Tennisspiels offenbarte. Dazu malte er mathematische

Formeln mit weißer Kreide auf eine schwarze Tafel, zog Wurzeln, quadrierte, bewies mir messerscharf, daß die Flugbahn eines gegnerischen Returns kinderleicht mit ein paar zusätzlichen einfachen Logarithmen-Rechnungen im voraus zu bestimmen sei. »Wenn man nämlich die Masse des Balles mit der Aufprallgeschwindigkeit und dem Einfallswinkel des gegnerischen Rackets, natürlich unter Berücksichtigung der Anziehungskraft der Erde ...« Ich muß zugeben, der Mann verstand es, mich zu fesseln.

Als eines Tages meine Frau nach der Nummer eines Privatdetektivs im Telefonbuch suchte, stellte ich sie zur Rede.

»Max«, sagte sie mit gepreßter Stimme, »das hätte ich nie von dir gedacht! Wer ist die andere?«

»Du irrst, Weib«, konnte ich reinen Herzens meine Mannesehre verteidigen, »es gibt keine andere in meinem Leben.«

»Und wo gehst du hin«, fragte sie scharf, »wenn du vorgibst, Tennisstunden zu nehmen?«

»Auf den Tennisplatz natürlich.«

»Ohne Schläger, Schuhe, Tennistasche?«, schnitten Marions Worte die Luft in unserem Schlafgemach förmlich in Scheiben.

»Die benötige ich nicht«, erklärte ich ihr den Tatsachen entsprechend. »Professor Henry lehrt Tennis in der gleichen Art und Weise wie Einstein in den Universitäts-Sälen seine Hörer in die letzten Geheimnisse der Relativitätstheorie einweihte.«

»Bitte ihn doch einmal«, forderte meine Frau spitz, »ein Match mir dir zuspielen!«

Da ich stets auf den Rat meiner Frau höre, tat ich es. Das beendete jedoch mein Tennis-Highschool-Studium von

heut auf morgen. Mein Professor nahm es als Beleidigung. »Verständlich, dieser hochgelehrte Tennis-Wissenschaftler ist nicht der Typ, der für schäbige 70 Mark die Stunde in die Niederungen seiner Schüler herabsteigt, sich in einem profanen Wettkampf mit Schnulz und Pulz mißt«, erklärte ich es meiner Frau.
Heimlich aber habe ich mich erkundigt: Niemand meiner Klubkameraden hat diesen Mister Henry, vorgeblich ehemaliger US-Studentenmeister, jemals Tennis spielen sehen.

Mein dritter und letzter Lehrmeister bemühte sich redlich, meine Kampfkraft zu verbessern. Bei George, einem Australier, stand wirklich fest: Er war einmal ein Champion gewesen. Einst Nummer 16 der Weltrangliste. Sein Tennis-Lehrsatz klang ganz einfach: »Go into the Ball and kill it!« Das In-den-Ball-Hineingehen-und-ihn-»Töten« versuchte er mir mit Anfeuerungsrufen in einer Lautstärke beizubringen, die das Startgeräusch eines mittleren Düsenjets zu einem lieblichen Summen degradierte.
An dieser Stelle will ich mein Hauptproblem beim Tennis offen darlegen. Als ehemaliger Fußball-Profi bin ich darauf getrimmt, beim Spiel das Feld, die Gegner, ja sogar den Schiedsrichter im Auge zu haben, aber nicht den Ball. Der muß bei einem Kicker an den Beinen »kleben«. Muß man doch erkennen: Wohin spiele ich das Leder ab, wer von meiner Mannschaft steht frei. Beim Tennis aber heißt das oberste Gebot: Schau den Ball an, verlier die Kugel nie aus den Augen, und wenn sie so nah vor deiner Nase fliegt, daß du schon schielst.

Freund George lockte mich also ans Netz, drosch mir den Ball um die Ohren und brüllte dabei seinen Schlachtruf: »Kill the ball!«

Als er mir einmal, beim Sturm nach vorne, die Filzkugel voll an die Stirne schoß, zog ich mit brummendem Schädel, mein ganzes Englisch mühsam zusammenraffend, die Bilanz: »I don't kill the Ball, but the ball is killing me« und gab die Trainerstunden und damit die Hoffnung auf, jemals Ivan Lendl aus den Socken zu schießen.

»Aber immerhin, um den Novatschek zur Schnecke zu machen«, kalkulierte ich, »habe ich genug dazugelernt!«

Alle meine diesbezüglichen Hoffnungen drohten jedoch wie eine Seifenblase zu platzen, als ich von einem Klubkameraden unter dem Siegel der Verschwiegenheit erfuhr: »Max, der Novatschek hat heimlich Stunden genommen, bei einem der besten Trainer von München, der für seine geradezu klassische Vor- und Backhand bekannt ist, von seinen seidenweichen Stops, präzise plazierten Volleys gar nicht zu reden.«

»Oje«, entfuhr es mir, »und der Novatschek spielt jetzt so wie sein Trainer?«

»Das nicht«, grinste mein Freund, »aber der Trainer spielt jetzt so wie der Novatschek...«

Keiner war im Freudenhaus

Max, warst du eigentlich schon mal in einem Sex-Club?« Die Frage meiner Frau traf mich völlig unvorbereitet. Sie schmökerte in Zeitschriften, ich saß vor dem Fernseher, machte es mir gerade für die Sportschau bequem. Ich tat das Klügste, was man in so einem Fall als Ehemann tun kann: Ich schwieg.

»Max, keine Antwort ist auch eine Antwort«, ließ sie nicht locker. »Du warst also schon ...«

»Was redest du da, Marion«, begann ich mich zu empören. »Was denkst du von mir. Nach soviel Jahren Zweisamkeit solltest du mich doch kennen!«

»Das ist es ja«, entgegnete sie kühl. »Keine Ehefrau kennt ihren Mann wirklich, was weiß ich, zum Beispiel, was gerade hinter deiner Stirn vorgeht, an was du in diesem Augenblick denkst, was für Sehnsüchte dich quälen, von denen ich keine Ahnung habe.«

»Ich denke, Weib«, gestand ich wahrheitsgemäß, »daß du dummes Zeug faselst, dazu quält mich die Sehnsucht nach Ruhe und Stille, denn ich möchte jetzt die Sportschau sehen.«

»Aber über eine Millionen Männer in der Bundesrepublik besuchen täglich Bordelle. Hier, in diesem Blatt, steht es

schwarz auf weiß«, trieb sie meinen Blutdruck weiter hoch.

»Glaubst du tatsächlich alles, was in Zeitungen steht?« stellte ich mich schützend vor meine Geschlechtskameraden. »Nimm doch nur meine jährlichen Voraussagen in einem Massenblatt, wer in der Bundesliga die kommende Meisterschaft gewinnt. Das letztemal habe ich mir den Champion an den Knöpfen deiner grünen Bluse ausgezählt.«

»Grüne Bluse? Ich besitze gar keine grüne Bluse. Maaax, wem gehörte die Bluse, an der du ...?«

Zum Glück fing jetzt die Sportschau an. Marion weiß Geschäft von privat zu trennen.

Solange im Fernsehen Fußball lief, hatte ich Schonfrist. Die Tatsache, daß meine Frau nicht weiter in den Illustrierten blätterte, zeigte mir jedoch unmißverständlich an, das Thema war für sie noch nicht ausgereizt.

Ich beschloß, ihre weiteren Attacken im Keim zu erstikken. »Marion«, ergriff ich, als im Fernsehen die Werbung anlief, die Initiative, »ich habe nachgedacht. Ich kann mich nicht erinnern, jemals im Leben einen Sex-Klub oder was Ähnliches besucht zu haben.« Das war auch die reine Wahrheit. Welcher Ehemann erinnert sich schon an so was!

Marion schwieg. ›Na also‹, dachte ich, ›das sitzt!‹ Dachte ich. Marion holte eine Flasche unseres besten Weines aus dem Keller. Zwei Gläser. Ich entkorkte. Wir stießen an. Im Fernsehen begann der Krimi. Entspannt lehnte ich mich zurück. Da ging's schon wieder los:

»Max, du kannst mir doch nicht weismachen, daß du noch

nie in einem Sex-Klub warst! Jeder Mann schaut doch da wenigstens einmal rein, schon aus purer Neugierde ...«
»Okay, wenn du das unbedingt willst, Marion, besuche ich demnächst mal so einen ...«, zog ich mich elegant aus der Affäre. Das Thema hatte ich vom Hut, aber es begann mich jetzt selbst zu interessieren. Wer sind die Leute, die in Sex-Klubs gehen?
»Warst du schon mal ...?« fragte ich meinen Freund Adi.
»Was denkst du von mir, Max! Natürlich nicht«, beschied er mich.
Freund Otto wich dem Thema aus: »Schon weil ich so oft zum Fußball geh'«, grinste er, »hab' ich genug Ärger mit meiner Alten.«
Freund Karl zwinkerte anzüglich: »Aha, brauchst a gute Adresse, Max?«
Und Günter gab mir den Rest: »Max, du scheinheiliger Hund! Frag' ich dich, wie oft du schon im Puff warst?«
Es gelang mir nicht, auch nur einen einzigen Sexklub-Kunden in meinem reichen Bekanntenkreis aufzutreiben. Wovon, zum Kuckuck, leben die Damen dieser Branche? Die Frage ließ mir keine Ruhe. Ich recherchierte weiter.
Ein Journalisten-Kollege aus der Lokalredaktion gab mir den entscheidenden Hinweis auf einen, noch dazu honorigen, Besucher einer einschlägigen Münchner ›Maison de plaisir‹: »Der Bürgermeister eines bekannten bayerischen Gebirgsortes.«
»Ah«, freute ich mich, »endlich ein Aufrechter. Hat der Mann tatsächlich ehrlich zugegeben, daß er sich nicht scheut, solche Lokalitäten aufzusuchen?«
»Das gerade nicht«, informierte mich mein Kollege, »aber

er hätte es auch nicht abstreiten können. Er ist nämlich dort verstorben.«

So frage ich mich nach wie vor: »Wenn der einzige nachweisbare Sexklub-Kunde von dieser Welt geschieden ist, wovon leben die Damen in diesem so altunehrwürdigen Gewerbe?«

Zum Nachtmahl gibt's Spinat

Keine Tennisregel verbietet ein Match mit der eigenen Frau. Meine Erfahrungen lehren mich allerdings, jedermann dringend davon abzuraten. Lorbeer ist dabei kaum zu gewinnen. Im Gegenteil, man geht das hohe Risiko ein, daß der Kampf der Geschlechter auch nach dem Spiel weitertobt, sich vom Sportplatz weg zu Tisch und sogar Bett verlagert.

Der Ärger beginnt sich lange vor dem sportlichen Ereignis abzuzeichnen. Marion läßt Bemerkungen fallen, wie: »Max, weißt du, wie lange du schon nicht mehr mit mir Tennis gespielt hast?« Oder: »Meier hat seine Frau gestern zu einem Single eingeladen, das kommt dir wohl nie in den Sinn?« Oder, schon etwas anzüglicher: »Zum Tennisplatz fährst du wohl grundsätzlich allein? Gehörst du jetzt auch schon zu jenen Männern, die eine Frau nur für die Küche und das Schlafzimmer brauchen?«

Jahrzehntelanges Ehetraining läßt mich solche Nadelstiche mit gespieltem Gleichmut hinnehmen. Doch hat Marion mich für das Thema erst einmal ausreichend sensibilisiert, kommt der entscheidende Angriff: »Sag, Max, ist es dir nicht langsam peinlich, immer gegen den Novatschek zu verlieren? Spiel doch mal mit mir, da hast du vielleicht

endlich ein Erfolgserlebnis.« Falls niemand es bemerkt haben sollte, die Heimtücke des Angebotes liegt in dem Wort »vielleicht«.

Das brachte mich auf unsere Zimmerpalme. »Du glaubst doch nicht im Ernst, daß du auch nur die geringste Chance hast, gegen mich mehr als zwei Games zu machen?« reagiere ich höchst unmutig auf den Stachel in meinem Tennisfleisch. Und damit hat sie mich wieder einmal dort, wo sie mich haben wollte: auf dem Tennisplatz.

»Max, du mußt mir besser zuspielen, deine Traumbälle kannst du dir fürs Match aufsparen«, geht es schon beim Einschlagen los. Tatsächlich wollte ich ihr zuspielen, aber die Kugel rutschte mir über den Schlägerrand, der Drall machte aus meinem beabsichtigten klassischen Cross einen Topspin-Longline.

»Jetzt trainierst du auch noch Traum-Stops, ausgerechnet bei mir. Läßt mich wie irre ans Netz starten, wo du doch weißt, daß ich mich erst warmlaufen muß! Willst du, daß mir meine Achillessehne reißt?«

Das wollte ich, und schwör's bei allen Tennisgöttern, natürlich nicht. Was Marion als Traum-Stop bezeichnete, war in Wahrheit ein sogenannter »Abreißer« gewesen. Auch mein perfekter Lob, als sie am Netz Volleys übte, der sich hoch vom Himmel herab auf die Grundlinie senkte, war ursprünglich als präzises Zuspiel auf ihre Vorhand gedacht.

»Was soll's?« bremste ich den drohenden Schwall ihrer Worte, »verdiene ich mein Geld als Tennislehrer? Wenn einer wie ich als Fußballtrainer ›Der Meistermacher‹ hieß,

reicht das wohl. Man kann doch nicht überall Spitze sein!« Doch meist reiße ich mich dann am Riemen, bezähme meine Ungeduld, wenn Marion gemütlich wie bei einem Vormittagsspaziergang die Bälle am Platzrand sammelt, als wäre sie beim Pilzesuchen. Harre in der Sonnenglut aus, hatte ich ihr doch mit der Fürsorglichkeit des Ehemannes den schattigen Teil des Platzes überlassen, bis sie sich bereit zeigt, weiter zur Übung Bälle zu schlagen, die entweder zu kurz oder zu lang geraten.

Dann wird noch Aufschlag geprobt, danach bindet sich Marion das Band vom linken Schuh, danach jenes des rechten Schuhs fester, schiebt sich die Spaghettiträger ihrer Tennisbluse zurecht und ruft: »Max, ich bin ready. Wieviel gibst du mir vor?« Es entspinnt sich ein Dialog, der darin gipfelt, daß ich schnaube: »Also schön, 30 vor. Aber wozu spielen wir dann noch?«

Laien sei gesagt, daß eine Vorgabe von 30:0 selbst von Cracks meiner Spielstärke nur schwer zu verkraften ist. Ein Netzroller, und es steht 40:0. Da läßt sich nichts mehr riskieren, es gilt nur noch, den Ball zu halten und auf die Fehler des anderen zu warten.

Nun bin ich aber ein Spieler von beträchtlichem Temperament, wie jeder weiß, der schon einmal das Glück hatte, mit mir die Bälle wechseln zu dürfen. Mein unermeßlicher sportlicher Ehrgeiz läßt mir gar keine andere Wahl, als zu versuchen, den Gegner mit gewaltigen Schlägen förmlich vom Platz zu schießen. Meine Schmetterbälle am Netz sind von meinen Gegnern, Doppelpartnern, von den Spielern auf den Nebenplätzen und sogar den Zuschauern am Buffet mehr als gefürchtet. Vom Platzwart wurde mir einmal

sogar bedeutet, daß klubintern Überlegungen im Gange seien, für Champions wie mich eigens einen Beton-Court anzulegen, um den Bällen noch mehr Schärfe zu verleihen. So begründete es wenigstens der Platzwart, während er sich mit Schaufel und Besen abmühte, die Trichter, die ich beim Match kurz zuvor in den Sand gebombt hatte, notdürftig zu planieren.

Meine knallharten Netzattacken sind natürlich einer Dame gegenüber nicht anwendbar, schon aus Gründen der Fairness, gar nicht zu reden von der Verletzungsgefahr.

Kurz gesagt, bei der mir aufgezwungenen Vorgabe von 30:0 zwingt mir Marion auch noch ihr Schupferl-Spiel auf. Dies zum besseren Verständnis kommender Ereignisse.

Marion serviert, mein Return sitzt maßgeschneidert in ihrer linken Ecke. Sie ruft »out«, ich revidiere freundlich ihren Sehfehler. Es gibt den ersten Zwist, den ich noch diplomatisch mit dem Zugeständnis »zwei Neue« aus der Welt schaffen kann. Aus unerklärlichen Gründen gelingt ihr darauf ein As. 40:0.

Umsichtig setze ich jetzt die Bälle. Lasse sie von einer Seite des Platzes zur anderen laufen, kenne ich doch ihre Schwächen. Da rutscht ihr, in dem Augenblick, da sie zu einer Rückhand ansetzt, der Spaghettiträger ihrer Bluse von der rechten Schulter. Sie streift ihn zwar noch blitzschnell mit der Linken wieder hoch, bevor sie den Ball zurückbefördert, doch das Unglück ist schon passiert: Mein Blick war für einen Herzschlag lang von etwas Rundem abgelenkt, das nicht der Ball war. Ich reagiere zu spät, mein ansonsten todsicherer Vorhand-Longline landet im Netz.

Marion kommentiert ihr gewonnenes Game mit dem übli-

chen zarten Lächeln der Überlegenheit, das ich so sehr an ihr hasse. Was Wunder, daß ich auch das zweite Game verliere, das dritte abgebe, das vierte einfach nicht gewinnen kann, im fünften mein entscheidender Punkt zum Break von Marion nicht anerkannt wird, weil sie die Filzkugel meterweit im Aus gesehen haben will. Dabei waren es höchstens lächerliche zwanzig Zentimeter, aber Ehefrauen sind ja für ihre Kleinlichkeit geradezu berüchtigt.
Im sechsten Game aber wendet sich das Blatt. Meine Bälle kommen jetzt wie gezirkelt. Ich lege zum Schock für meine Frau auch noch ein paar Netzattacken ein, verwandle mit schlafwandlerischer Sicherheit jede Chance zu einem Punkt, hole auf, Spiel auf Spiel. Zuletzt führt Marion nur noch 5:4, bei meinem Aufschlag!
Jetzt, den nahen Sieg vor Augen, entschließe ich mich, alle meine Reserven schon beim Service in die Schlacht einzubringen. Ich werfe den Ball hoch, das Racket schlagbereit hinter dem Rücken, hole zum »Klappmesser« aus, um – das sah ich mir von Boris Becker ab – dem Ball den richtigen Schwung mitzugeben. Marion erwartet den Aufschlag, sich wie Steffi Graf in höchster Konzentration auf den Zehenballen wiegend, da rutscht ihr der Spaghettiträger diesmal von der linken Schulter. Ich gebe zu, daß ich mich für die Reize meiner Frau auch nach so vielen Ehejahren noch immer in hohem Grade anfällig zeige, strotze ich doch in der Blüte meiner Jahre förmlich vor Manneskraft. Doch einem Aufschlag tut's nicht gut, wenn man mittendrin an etwas anderes denkt. Doppelfehler! 40:0.
Noch ein im Grunde lachhafter Schupfer-Lob von Marion, den ich verächtlich ignoriere. Satzverlust. Marion setzt

ihre »Na, siehste wohl«-Miene auf. Ich gratuliere ihr, kann mir aber die zugegebenerweise leicht herablassend ausgesprochene Bemerkung nicht verkneifen: »Diesen Satz, meine Liebe, hast du nicht mit dem Schläger, sondern mit den Waffen einer Frau gewonnen.«

Die Worte hätte ich mir sparen sollen. »Gut, mein lieber Max«, kommt prompt der Konter. »Für die Revanche brauchst du mir nur 15 vorzugeben. Dann wirst du wohl gewinnen.«

»Sicherlich, wenn du nicht gleich oben ohne antrittst«, ätze ich zurück. Zu meiner Schande sei's gesagt: Marion kann auch diesen Satz für sich entscheiden. Gewinnt knapp, aber sie gewinnt. Was war geschehen? Ehrlich gesagt, ich hatte meine Gedanken noch nicht richtig in der Gewalt.

Aber im letzten Satz, da spielen wir ohne Vorgabe. Ich ziehe alle Register meiner Tenniskunst, und meine Bälle fliegen Marion nur so um die Ohren, während ich an den abgewandelten Winston-Churchill-Spruch denke: »Deine Frau hast du entweder zu den Füßen oder an der Gurgel.«

Weil sie meine Granaten nicht mehr erlaufen kann, beginnt Marion Desinteresse an dem Spiel zu heucheln, blickt auf die Platzuhr, sieht, während ich ans Netz stürme, den Spielern am Nebencourt zu, erkundigt sich alle drei Minuten gelangweilt: »Wie steht's eigentlich, Max?«

Als sie einen herrlichen Schmetterball von mir mit den Worten kommentiert: »Bei einer schwachen Frau kannst du leicht brillieren! Warum brillierst du denn nie gegen den Novatschek?« verliere ich die Kontrolle über mich.

»Der Novatschek«, herrsche ich sie an, »hat zwar Plattfüße, aber er kann wenigstens damit laufen. In dem Tempo, in dem du zu einem Ball startest, gehe ich normalerweise mit unserem Hund spazieren.«
Marion wirft mir einen Blick zu, wenn der mich voll getroffen hätte, wäre ich zu Asche geworden.
Von da an zerfällt das Spiel. Zwar gewinne ich den Satz, aber es schwant mir schon: Das ist ein Pyrrhus-Sieg.
Zum Nachtmahl gibt's Spinat, den ich für mein Leben nicht ausstehen kann. Marion würdigt mich keines Blickes. Der Hund beißt mich ins Bein, als ich mit ihm äußerln gehen will. Sicherlich hat Marion ihn gegen mich aufgehetzt. Und Maxi macht wieder einmal eine ihrer respektlosen Bemerkungen: »Paps, daß du dich einfach mit Frauen nicht vertragen kannst...«
Ich schiele nach der Zimmerpalme, beherrsche mich und zische nur: »Mit allen Frauen, die ich kenne, habe ich das beste Verhältnis, nur mit deiner Mutter nicht...«
Und ernte dafür, wie aus der Pistole geschossen, die scharfe Frage Marions aus der Küche: »Mit welcher Frau, Max, hast du ein Verhältnis?«
Ein Klubkollege, dessen Namen ich aus begreiflichen Gründen nicht nennen kann, hat mir mitgeteilt, was ihm seine Frau unter dem Siegel der Verschwiegenheit anvertraut hatte. Danach soll Marion in der Garderobe nach besagtem Match die Bemerkung fallengelassen haben: »Eine Frau darf ihrem Mann nie den Stolz nehmen. Hin und wieder muß man ihn den großen Maxe sein, auch am Tennisplatz mal einen Satz gewinnen lassen.«

Also, ich, Max Merkel, bin der Ansicht, die Tennisregeln sollten das Spiel mit der eigenen Frau ...

P. S. Was an dem Satz fehlt, hat mir Marion aus dem Manuskript gestrichen, typisch, das letzte Wort muß immer sie haben.

Tu felix Austria ...

»Marion, die österreichische Bundeshymne müßte man ändern«, ärgerte ich mich, als ich beim Frühstück die Zeitung las. »Statt ›Land der Berge, Land am Strome‹, müßte es besser heißen: ›Land der eingestürzten Brükken‹.«
Tags zuvor hatte gerade die Autobahnbrücke bei Kufstein ihre Tragkraft aufgegeben und Europas wichtigste Nord-Süd-Verbindung unterbrochen.
»Soweit ich mich erinnere«, erklärte ich meiner Frau, »ist dies das dritte Desaster dieser Art in meinem Heimatland.«
Zuvor waren bereits die Wiener Reichsbrücke, das an Ketten hängende technische Wunderwerk aus der Kaiserzeit, sowie ein neuzeitliches, gleichfalls bei Wien die Donau überspannendes, nicht lange zuvor feierlich eröffnetes Brücken-Betonmonster in sich zusammengebrochen.
»Gibt das den zuständigen Leuten nicht zu denken, Max?« fragte Marion.
»Wieso? Es ist eh nix passiert«, gab ich mich typisch österreichisch. »Jedesmal war fast kein Autofahrer unterwegs. Nur ein Wiener Unterwelt-Boß soll beim Reichsbrücken-Einsturz gerade noch die Kurve gekratzt und die ihn beschattenden Kripo-Beamten in ihrem nachfolgenden

Auto über den Polizeifunk gewarnt haben: ›Achtung, Burschen, jetzt müßt's schwimmen.‹«
Es ist eine alte Tatsache: Solange in Österreich nichts geschieht, geschieht nix. Und wenn was geschieht, will's keiner gewesen sein.
Das ist wie bei dem jugoslawischen Fußballklub, der sich drei Trainer leistete. Beim Match saßen sie gemeinsam auf der Bank, bei Siegen ließen sie sich gemeinsam feiern, bei Niederlagen aber zeigte jeder auf den Nachbar: »Ich war's nicht, der ist schuld!«
In Österreich geschehen Dinge, die sonst nirgends auf der Welt geschehen. Nur manchmal dringt es an die Öffentlichkeit. Und wenn ich in meiner Geburtsstadt mit alten Freunden beim Heurigen sitze, erfahre ich es auch. Aber erst, wenn die Musik spielt: »Heut kommen d' Engerln auf Urlaub nach Wien« oder »Einer hat immer das Bummerl«, was soviel wie der ›Schwarze Peter‹ heißt. Die beiden Lieder kennzeichnen den Pendelschlag in der Seele meiner Landsleute zwischen Frohsinn und Grantln. Steigerungsfähig nur noch, bis die Geigen der Schrammln schluchzen und alle Gäste in das schönste aller Wiener Lieder einstimmen: »Verkauft's mei G'wand, i fahr' in Himmel«.
In dieser Stimmung erzählen mir meine Spezl, was alles passiert, das eigentlich nie passieren dürfte, aber in Österreich immer wieder passiert.
»Stell dir vor, Max, der Salzburger Polizeipräsident wurde öffentlich von seinem Minister gerügt: ›Stoppen Sie endlich den überhandnehmenden Verkehr im Sündenviertel Ihrer Stadt‹, du verstehst?«
Ich verstand.

»Und wie hat der Polizeichef reagiert?«
»Er hat den Tadel aus Wien natürlich nicht auf sich sitzen lassen, Max.«
»Also hat er die Damen vom Strich gejagt?«
»Das nicht, aber er hat sich auch nichts gefallen lassen, einen knallharten Brief zurückgeschrieben: ›Sehr verehrter Herr Minister, seit Kaiserin Maria Theresias Zeiten hat man vergeblich versucht, die Prostitution in unserem Lande auszurotten, wie kommen Sie zu der Ansicht, daß ausgerechnet ich . . .?‹ Wie findest du das?«
»Typisch österreichisch«, seufzte ich und bestellte mir noch ein Vierterl. »Hier ist nur auf die Mittagspause wirklich Verlaß und darauf, daß dort, wo es noch keinen Ärger gibt, garantiert schon einer vor der Tür steht.«
Es gibt auch wirklich nichts, worüber ein Österreicher sich nicht aufregen könnte. So erfuhr ich aus der Politik:
Der ÖVP-Abgeordnete J. M. stellte eine neue Anfrage bezüglich der Blumenkisterln, die unser Wiener Rathaus schmückten: »Wieso pflanzt die sozialistische Mehrheitspartei darin immer nur *rote* Pelargonien?«
Der sozialistische Abgeordnete S. K. wies den Vorwurf mit aller Schärfe zurück: »*Schwarze* Pelargonien waren trotz größten Bemühens nicht zu beschaffen.«
Welches andere Land auf dieser Welt hat schon solche Sorgen?
Beim Heurigen erzählte man mir auch die folgende Geschichte. Ein vorsichtiger Bürger schrieb an ein Ministerium: »Um Stempelgebühren zu sparen, bitte ich Sie, mir mitzuteilen, ob eine Anfrage in meiner Sache überhaupt sinnvoll ist?«

Das Ministerium antwortete: »Werter Herr, Sie haben versäumt, Ihre Anfrage mit Stempelgebühren zu versehen, senden Sie umgehend den Betrag von öS 377,– an Eingabegebühren, sowie 50 Prozent Erhöhungszuschlag zufolge des Versäumnisses . . .«
Oder jene Geschichte, die sich in Graz abspielte. Ein ungetreuer Angestellter bestahl seinen Arbeitgeber um Waren im Wert von 500 000 Schilling. Die Affäre flog auf, der Dieb übte tätige Reue, machte den Schaden wieder gut, das Gericht billigte ihm mildernde Umstände zu. Dann aber erschien das Finanzamt und stellte fest: »Ihre Nebentätigkeit wertete das Gericht als wiederholten Diebstahl. Durch die Ausübung über einen längeren Zeitraum hinweg ist diese Tätigkeit jedoch als gewerbsmäßig einzustufen. Ein Gewerbetreibender aber ist umsatz-, gewerbe- und einkommensteuerpflichtig. Sie haben versäumt, über das Einkommen aus Ihrem Nebenerwerb ordnungsgemäße Steuererklärungen abzugeben, auch wurde das Fehlen einer ordentlichen Buchhaltung darüber festgestellt. Daher mußte Ihr Einkommen geschätzt werden. Ihre Steuerschuld wird mit öS 325 070,– bemessen.«
Der Dieb legte Berufung ein: »Der Schaden wurde doch wiedergutgemacht und daher kein Gewinn erzielt.«
Der Verwaltungsgerichtshof wies die Beschwerde ab, bestätigte: »Ohne ordnungsgemäße Buchführung kann kein Verlust von der Steuer abgeschrieben werden.«
Wie soll da einer in Österreich mit Stehlen sein Leben fristen?
Vermutlich auch beim Heurigen kam einem beliebten Wiener Zeitungskolumnisten die Idee, wie man das Arbeitslo-

senproblem in Österreich auf ewig in den Griff bekommen könnte. Weil die Regierung verstaatlichte Betriebe auf Steuerzahler-Unkosten trotz unglaublicher Milliardenverluste weiter- und noch tiefer in die roten Zahlen produzieren ließ, um »Arbeitsplätze zu sichern«, zeigte er mit seinem ›Staberl‹ einen viel einfacheren Weg:

»Wenn man ein tiefes Loch immer tiefer gräbt, werden dadurch eine ganze Menge Arbeitsplätze geschaffen. Das Loch, an dem man etwa drei Jahre lang buddeln könnte, müßte nach seiner Fertigstellung rundum mit Betonmauern abgestützt werden, was wiederum Arbeitsplätze sichert und dazu auch noch Zuliefer-Werken Auftrieb verleiht. Das voraussichtlich eindringende Grundwasser müßte abgepumpt werden, das verschaffte den österreichischen Pumpenerzeugern und der Röhrenindustrie Hochkonjunktur.

Wenn das Loch tief genug ist, könnte man es wieder zuschütten und dadurch erneut für eine ganze Weile Arbeitsplätze sichern. Danach gäbe es erfreulicherweise keinerlei Betriebs- oder sonstige Folgekosten, wenn man von der kleinen Mühe absieht, die man sich vielleicht nach zwei, drei Jahren machen müßte, um das erfahrungsgemäß ein wenig absinkende Terrain wieder aufzufüllen.

Der größte Vorteil des Projektes liegt jedoch unzweifelhaft in der Tatsache, daß man bei Bedarf das Loch jederzeit erneut aufgraben und wieder zubuddeln kann. So ließe sich das Problem der Arbeitslosigkeit in Österreich auf einfache und umweltfreundliche Weise, allein durch das Graben von der jeweiligen Wirtschaftslage angepaßten Löchern, ein für allemal lösen . . .«

Ein Gusto-Stückerl, wie die Wiener sagen, erfuhr ich beim Heurigen in Grinzing. Die amtliche Ermahnung von Beamten des österreichischen Kriegsarchivs in bestechendem Paragraphen-Deutsch:
»Es ist selbstverständlich, daß in einer Dienststelle während der Dienstzeit nur dienstliche Agenden zu verrichten sind. Da dem Präsidium des Bundeskanzleramtes bekannt wurde, daß im Kriegsarchiv Karten gespielt werden soll, wurde die Amtsführung des Kriegsarchivs darauf hingewiesen, daß ein solches Verhalten während der Dienstzeit unzulässig und daher abzustellen ist ... Im Zuge einer Revision mußte festgestellt werden, daß die Weisung, das Kartenspiel zu unterlassen, nicht befolgt worden war. Aus diesem Grund waren weitere dienstliche Maßnahmen notwendig. Abschließend wird jedoch festgestellt, daß der Dienstbetrieb im österreichischen Kriegsarchiv durch das Kartenspiel keineswegs beeinträchtigt wurde.«
Weil mich eines Morgens nach einem Heurigen-Besuch der Gedanke quälte, daß dies alles doch auch in Österreich nicht so sein könnte, besuchte ich einen guten Freund, damals seines Zeichens Minister und im Nebenjob auch Präsident des Österreichischen Fußballbundes.
»Max«, versuchte er mich zu trösten, »was du mir da erzählst, das mag passiert sein, aber die Kritiker, wie du weißt, suchen immer nur das Schlechte. Du darfst nicht nur die Schattenseiten unseres Landes sehen. Max, es ist schon richtig, daß in Wien sich zwei ein Rendezvous für den nächsten Tag um sechs ausmachen und beide wissen: Ich geh eh nicht hin! Aber weil sie das beide wissen und keiner hingeht, kann doch auch niemand beleidigt sein.«

Ich seufzte, beugte mich dem Positiven.
»Max, wir haben keine Streiks«, fuhr der Minister fort, »eine der geringsten Arbeitslosenraten in Europa, und wo, Max, das mußt du zugeben, kann man unbeschwerter und problemloser neben der Arbeit das Leben genießen als bei uns in Österreich?«
»Du hast recht, Karl«, stimmte ich zu, schüttelte ihm dankbar die Hand, »und deshalb gehe ich, bevor ich heimfahre in die ernste, arbeitsreiche Bundesrepublik, noch einmal zum Heurigen, trink' einen Wein und lass' mir von der Musi noch einmal das schöne Wienerlied spielen: »Verkauft's mein G'wand, i fahr in Himmel«.

Unnötig wie ein Kropf

Die Familie defilierte an meinem Messestand vorbei. Vater, Mutter, Sohn. An meinem gepflegten Sortiment von besten österreichischen Weinen schienen sie nicht interessiert zu sein. Sie waren schon außer Hörweite, da stoppte der Vater, wandte den Kopf, schielte zu mir her, zweifelnd: »Ist er's oder ist er's nicht?« Tuschelte mit seinem Sohn, der schlenderte zurück, stellte sich vor mich hin, beäugte mich und lief wieder zum Vater: »Das ist er!« Wie auf Kommando machte die ganze Familie kehrt.

»Marion«, freute ich mich, »Kundschaft!«

»Herr Merkel, welche Überraschung, Sie zu sehen«, sprudelte der Mann heraus. »Ich bin ein Fan von Ihnen, lese alle Ihre Fußball-Kommentare, habe sogar Ihr letztes Buch in meinem Schrank, das mit dem runden Ball, obwohl, Sie wissen ja, Fußball-Anhänger lesen meist nur Sportberichte.«

»Leider«, konnte ich mir nicht verkneifen einzuwerfen.

»Herr Merkel, wie kommen Sie zum Weinhandel?« fuhr er fort.

»Wie der Hund zu Flöhen«, antwortete ich. »Die jucken wenigstens nur und kosten kein Geld, aber versuchen Sie mal einen guten Tropfen.« Darauf schenkte ich ihm eine

Kostprobe vom lieblichsten Wachauer ein, fing an, dessen Blume zu loben, in Erwartung einer möglicherweise größeren Bestellung für den Weinkeller meines Fans. Der aber unterbrach mich, kaum, daß er vom Glas genippt hatte: »Herr Merkel, der Wein ist gut! Aber glauben Sie mir, Ihre letzte Kolumne, also was Sie da über den Pflügler losgelassen haben, das kann ich nur bestätigen ...«

Darauf verwickelte er mich in eine längere Betrachtung der Aussichten des FC Bayern in der laufenden Meisterschaft, danach in eine Bewertung der Chancen vom 1. FC Köln, verkostete dabei laufend ein Achterl nach dem andern, Marion kam mit dem Einschenken gar nicht nach. Als er auch noch ein Autogramm von mir erbat, verlor ich die Geduld.

»Hören Sie«, sagte ich, »wenn ich für BILD meine Bundesliga-Vorschau mache, kassiere ich dafür Kohle, und nicht zu wenig. Für eine Autogrammstunde bekomme ich zumindest 2000 Mark. Wenn Sie etwas über Fußball wissen wollen, kaufen Sie sich den ›Kicker‹, Sie sind hier an einem Messe-Stand und nicht im Stadion. Wieviel Kisten welcher Marke darf ich notieren?«

Gekränkt ließ er sich herab, noch das Autogramm entgegenzunehmen, dann befahl er seiner Familie: »Kommt's.«

Ich schrieb die fünf Probe-Achterln und die vertane Zeit in den Kamin und erklärte meiner Frau aus tiefstem Herzen mit voller Überzeugung und in reinstem Hochdeutsch, das ich nur dann gebrauche, wenn's mir ans Eingemachte geht: »Du hast recht gehabt, Marion, wie konnte ich mich als intelligenter Mensch in ein Geschäft einlassen, für dessen Klassifizierung mir nur ein Wort einfällt: Scheiße!«

Wie es überhaupt dazu kam?
»In vino veritas, im Wein liegt Wahrheit«, behaupteten einem bekannten Sprichwort nach die alten Römer. Diese Ansicht kann ich nicht teilen. Vielleicht gilt der Satz für gänzlich unverfälschten Rebensaft, aber wo gibt es den noch heutzutage? In meinem Keller, der nach seinem Besuch längst nicht mehr so reich bestückt war wie zuvor, schwor mir ein Spezi mit bereits gelöster Zunge: »Max, wenn wir beide ins Geschäft kommen, werden wir uns ein Eckhaus verdienen.«
Das war aber nur eine halbe Wahrheit, also auch eine halbe Lüge. Freund Schorsch, als Verkaufskanone ein Hans Dampf in allen Branchen – er soll sogar seiner Schwiegermutter ihren eigenen Grabstein provisionträchtig untergejubelt haben –, hat im Zuge unserer Geschäftsverbindung in der Tat ganz schön abkassiert. Ich dagegen hätte bei längerer Dauer des Unternehmens vermutlich zuletzt auch die sich bereits in meinem Besitz befindliche Eck-Immobilie, nämlich unser Reihenhaus in Putzbrunn, in den Sand gesetzt. Der Handel, den Freund Schorsch vorschlug, hörte sich anfangs geradezu bestechend an, aber reimte doch schon Wilhelm Busch: ›Ob ein Minus oder Plus, zeigt der Schluß.‹
»Du verstehst doch was vom Wein, Max?« fragte Schorsch zungenschwer. Ich nickte Bestätigung.
»Du bist doch Wiener?« Auch hier mußte ich zustimmen.
»Und du bist doch eine prominente Persönlichkeit, hast Tausende, was heißt – Zigtausende Fans, bist im Fußball das Sprachrohr der Massen, des kleinen Mannes, die Leute vertrauen auf dein unbestechliches Urteil...«

Wie hätte ich diese Tatsachen abstreiten sollen?
»Na also«, steigerte sich Schorsch neben seinem Alkohol- auch noch in einen merkantilen Begeisterungsrausch, »höre meine Idee. Wir machen einen Weinhandel auf! Du wirst auch beim Rebensaft die Zunge der Massen sein, kostest die verschiedenen Sorten durch, gibst dein Urteil ab, die besten Tropfen nehmen wir ins Sortiment. Aufs Etikett kommt als Gütesiegel dein Name: Max Merkel.«
»Max, laß die Finger davon«, warnte mich Marion. »Es gibt zuhauf Wein aller Sorten in den Regalen der Supermärkte. Du wirst bei soviel Konkurrenz keinen Pfennig verdienen, höchstens jeden Abend blau sein.«
Man kann nicht immer auf seine Frau hören, obwohl man es vielleicht sollte.
Die Idee meines Spezls faszinierte mich, ich gebe das zu. Schon aus nostalgischen Gründen. Schließlich bin ich in Wien aufgewachsen. Was habe ich in meiner Jugend für schöne Zeiten beim Heurigen erlebt, bei der Musi, mit feschen Madln beim Wein?
Mit Musik habe ich heute nicht mehr viel am Hut, außer der Fußballer-Hymne »Nur a Geld, nur a Geld ist das Schönste auf der Welt« ist mir kaum mehr ein Lied geläufig. Den feschen Madln habe ich entsagt, als Marion in mein Leben trat. Bewies sie mir doch, daß nur die Liebe einer einzigen Frau einen Mann wirklich glücklich machen kann. (Beim Lesen dieser Stelle des Manuskriptes bekam meine Frau aus mir unerklärlichen Gründen einen Lachanfall.)
Die Liebe zum Wein allerdings hege und pflege ich weiter mit dem täglichen Konsum eines abendlichen Vierterls vom Herben, an Geburts- und sonstigen Festtagen kann's

auch mal ein ganzes Fläschchen sein, das ich mir launig zu Gemüte führe.

»Warum«, fragte ich mich am nächsten Morgen bei nüchterner Überlegung der Angelegenheit, »soll man nicht einmal in seinem Leben das Angenehme mit dem Nützlichen verbinden?«

Es gelang mir, meine Frau davon zu überzeugen, daß es besser sei, mir den Weinhandel nicht auszureden, weil ich, bereits ganz knallharter, eiskalt kalkulierender Kaufmann, schon fest entschlossen war, diese fulminante Geschäftsidee gegen Gott und die Welt, ja selbst gegen meine Familie durchzusetzen.

Das Marketing-Problem hatten mein Spezl und ich genial gelöst. Die Erfolgs-Zauberformel hieß: Max Merkel plus Wachauer-Wein plus Messestand plus Verkaufskanone Schorsch. Für kaufmännische Laien: Wir beabsichtigten, auf den zahlreichen Messen in der Bundesrepublik jeweils einen Stand anzumieten. Dort würden wir die edelsten Weine aus meinem Geburtsland Österreich präsentieren. Und zwar in Form eines kleinen Heurigen. Mit Tischen, Stühlen, einem Busch'n, der nach dem Brauch anzeigte, hier gibt's einen guten Tropfen: »Ausg'steckt ist.« In den Regalen würden kistenweise die Flaschen lagern, die nach der Kostprobe käuflich erworben werden konnten. Selbstredend konnten Bestellungen in jeder gewünschten Menge auch ins Haus geliefert werden.

Der Glanz des Namens Max Merkel, meine persönliche Anwesenheit, würden Käufer in Scharen zu unserem Heurigen-Verkaufsstand locken. Schorsch sollte die Kleinarbeit erledigen, nämlich den Kunden, bevor sie ihm die

Weinkisten aus der Hand rissen, eine Rechnung (fürs Finanzamt) ausstellen, den Gegenwert als Bargeld oder Scheck in Empfang nehmen.

Über Schorschs Anteil am ›Big Business‹ einigten wir uns, unter Nichtbeachtung des Gezeters meiner in geschäftlichen Dingen zu diesem Zeitpunkt noch ahnungslosen Frau, auf satte 20 Prozent vom Verkaufspreis.

»Max, für das Geld hättest du dir Ion Tiriac als Agenten nehmen können«, ätzte Marion in ihrer ja auch dem Leser dieses Buches bereits bekannten Kleinlichkeit.

»Was soll's«, schmetterte ich ihren versteckten Vorwurf ab, »große Vermögen wurden stets verdient und nicht erspart.«

So lief es dann auch dahin. Unser Bankkonto machte einen Hechtsprung von tiefschwarzen in tiefrote Zahlen. Erstens mußte eine Firma gegründet, ein Vertrag gemacht, notarielle Gebühren bezahlt, ein Büro in einem Zimmer unseres Hauses eingerichtet werden.

Das waren noch die kleinsten Fische. Ein Messestand ist nicht nur schwer zu bekommen, sondern kostet auch einen unglaublichen Batzen an Miete. Die Einrichtung muß man selber stellen. Also ging der erste einer endlosen Reihe von Schecks zur Begleichung von Handwerker-Rechnungen an den Tischler. Denn an Ort und Stelle, in der betreffenden Messestadt, mußten jeweils Elektriker den Strom für Licht und Kühltruhe, Installateure Wasser für den Abwasch, Monteure das Telefon anschließen. Weil das alles immer unter enormem Zeitdruck ablief, rechneten sich allein die Überstunden in vierstelligen Beträgen. Auch ein Transporter war anzumieten. Die Ware, die Regale, das

Verkaufspult, die Stühle und Tische, der Kühlschrank, das alles mußte befördert werden. Dazu kamen die Kosten für Hilfskräfte zum Auf- und Abladen, denn Schorsch, das Verkaufsgenie, konnte sich beim Kundengespräch keine Schwielen an den Händen oder schmutzige Fingernägel leisten.

Der Beginn unseres Unternehmens lehrte mich rapide, was hinter dem Posten steckt, den ein großer Konzern bei Gründung eines neuen Geschäftszweiges in seinen Bilanzen als Anlaufkosten abschreibt.

Zuletzt besuchte mich mein Bankdirektor, er wollte mit mir unter vier Augen sprechen, musterte mich besorgt und fragte: »Herr Merkel, Ihr Konto ist etwas überzogen, wir kreditieren gerne. Aber privat möchte ich gern wissen: Haben Sie eine so teure Freundin?« Als er auch noch etwas von Midlife Crisis faselte, warf ich den Typ hinaus.

Doch schließlich stand der Stand auf der ersten Messe. Jetzt mußte das große Zurückrollen des Geldes beginnen. Konnte es aber nicht. Der Stand war da, Schorsch war da, ich war da, sogar Marion hatte es sich nicht nehmen lassen, an der Geschäftspremiere teilzuhaben. Was fehlte, war der Wein.

»Marion«, klagte ich, »wie konnte ich auf den Liefertermin vertrauen, wo ich doch selbst immer wieder verkünde: Das einzige, was in Österreich funktioniert, ist die Mittagspause.«

Schuld am Desaster waren irgendwelche Ausfuhrpapiere gewesen, die ein Beamter meines Geburtslandes verschlampt oder vielleicht auch zweckentfremdet hatte. Denn in der Alpenrepublik wird selbst für die Genehmi-

gung eines Antrags auf Zuteilung von Klopapier das zuständige Ministerium zuerst einmal eine Kommission einsetzen, die prüfen muß, ob der Bedarf tatsächlich gegeben ist, in welchem Umfang, und ob die den Verbrauch auslösende Tätigkeit mehr dem dienstlichen oder dem privaten Bereich zuzurechnen wäre.

Verlassen wir das Thema, bei der nächsten Messe waren wir für den Verkauf auch größter Mengen besten Weines gerüstet. Leider erwies sich die Position unseres »Heurigen« als äußerst ungünstig: Rechts von uns befand sich ein Speiseeis-Stand. Es war heiß, die Leute kauften Gefrorenes am laufenden Band. Wer immer aus dieser Richtung kam, lutschte an seiner Tüte.

»Marion«, klagte ich, »wie willst du einen, der gerade Gelati verspeist, Wein verkosten lassen? Seine Geschmacksnerven sind doch vereist, außerdem rinnt ihm, wenn er bei uns stehenbleibt und redet, das geschmolzene Vanille in den Ärmel.« Aus dieser Richtung war also kein Geschäft zu erwarten.

Und von der anderen? Links von unserem Messestand hatte sich ein »Hamburger«-Verkauf etabliert. Resigniert mußte ich feststellen: »Wer gerade in Senf und Ketchup beißt, ist gleichfalls für uns als Kunde verloren.«

Auf der dritten Messe verließ uns endlich das Pech. Das Geschäft begann anzurollen. Wir verkauften gut, aber das brachte noch lange kein Geld auf unser leeres Konto. Denn Schorsch kassierte dicke Provisionen, die Miete für den Stand mußte bezahlt werden, die Transport-Rechnung, die Löhne für die Hilfskräfte beim Auf- und Abladen, unsere Reisekosten, die Hotelrechnung, dann die Strom-, Wasser-

und sonstigen Nebenkosten. Die Lieferanten wollten Geld sehen, und auch der Steuerberater war nicht gewillt, um Gottes Lohn ...

Marion schüttelte nach sechs Wochen den Kopf. »Max«, sagte sie, »wir müssen den Umsatz erhöhen, sonst können wir nicht einmal unsere Kosten decken!«

Wir erhöhten den Umsatz, indem ich begann, Freunden, Bekannten, Fans, sogar meinem Schwiegervater, wenn sie mich über die Chancen des FC Bayern befragten, erst einmal ein paar Kisten Wein anzudrehen, bevor ich zum Fußball überging.

Gerade als es steil aufwärtsging, erfolgte der große Schlag. Wie schon so oft kam das Hackl ins Kreuz aus meinem Geburtsland Österreich: Der Glykol-Skandal. Hinterfotzige Weinhändler hatten den Rebensaft zur Geschmacksaufbesserung mit der giftigen Chemikalie versetzt, die auch Bestandteil von Frostschutzmitteln ist.

Selbst wenn ich den Bundesliga-Meister und Cupsieger vorausgesagt, die geheimen Tricks des Rudi Völler oder die Bestechlichkeit eines Schiedsrichters verraten hätte, kein Mensch kaufte mir mehr österreichischen Wein ab, obwohl unsere Ware garantiert unverfälscht war.

»Was tun wir jetzt?« fragte ich Schorsch, zutiefst deprimiert.

Doch mein Spezl strahlte bereits wieder, war schon auf den nächsten Geschäfts-Zug aufgesprungen. »Max, das ist die Chance unseres Lebens, wir handeln mit Frostschutzmittel, die können wir jetzt in Österreich billigst von den Weinhändlern aufkaufen, wir werden uns ein Eckhaus verdienen. Was übrigens meine Provision betrifft ...«

Ich gestehe es ein, ich wies meinem Freund ganz schnell die Tür.
»Was machen wir jetzt mit unserem Weinlager, Max?« fragte meine Frau.
Alle Verzweiflung fiel plötzlich von mir ab, als ich an unseren bis zur Decke mit edelsten Tropfen verstapelten Keller dachte. Jetzt strahlte auch ich, als ich Marion mit knappen Worten verkündete, wie ich mir die Liquidation unserer Firma vorstellte: »Selber trinken!«

Ein kleiner Flirt und große Folgen

Viel Ärger ist mir in meinem Leben schon am Tennisplatz widerfahren, doch kein Ungemach kann mich so die Einfriedungsgitter hochtreiben wie jenes, als ich, gehetzt von Fußball-Terminen in drei verschiedenen Städten, meinen Mercedes 260 mit 230 über die Autobahn jagte, um zu einem Match mit dem Novatschek gerade noch rechtzeitig einzutreffen.

Aller Streß war umsonst gewesen! Der von uns reservierte Platz 4 wurde bereits von zwei anderen Klubkollegen bespielt. Beim Leben ihrer Schwiegermütter schworen sie: »Der Vierer war nicht belegt.«

Das Problem bedarf vermutlich näherer Erläuterung. Mein Freund Niki Lauda sagte einmal zu mir: »Max, es genügt nicht, ein guter Rennfahrer zu sein, du mußt auch ins Cockpit kommen.« Aufs Tennis abgewandelt, müßte der Lauda-Spruch heißen: »Es reicht nicht, daß du spielen willst, du brauchst dazu auch einen Platz.«

Doch da ist die Beleg-Ordnung vor. Unser Klub nennt sechs Plätze sein eigen. Einen kann man vergessen, das ist der Trainer-Court. Um die Reservierung der fünf verbleibenden Kampfstätten zur Stoßzeit wird in der Regel bruta-

ler und heimtückischer gekämpft als auf dem roten Sand selbst.

Wir sind rund vierhundert Mitglieder, vierzig davon wollen am liebsten täglich einlaufen. Das wäre noch nicht das Problem. Der Haken ist, alle wollen es zur gleichen Zeit, nämlich spätnachmittags zwischen sechs und sieben. Wer dann tatsächlich spielt, läßt sich theoretisch von der Belegtafel ablesen.

»Doch grau, teurer Freund, ist alle Theorie«, schrieb schon Goethe (oder war es Schiller?). Wie dem auch sei, wieso um dieses Schwarze Brett herum dennoch jahrzehntelange Freundschaften zerbrechen, tödliche Feindschaften entstehen, darüber habe ich mir nie den Kopf zerbrochen, weil ich normalerweise ein Vormittagsspieler bin. Bis zu jener unglückseligen Woche, in der ich umständehalber nur die Stunde vor dem Abendessen für meinen Lieblingssport einplanen konnte.

Was war geschehen? Novatschek schwor gleichfalls, sowohl die Magnetschildchen mit unseren Namen in die freie Rubrik der Tafel gesetzt als dies auch ordnungsgemäß im Belegbuch vermerkt zu haben. Nur, unsere Schildchen hingen im Wartestand, die Eintragung im Buch war ausgestrichen und neu überschriftet.

Wie überall im Leben gab es auch hier zwei Möglichkeiten: Der Novatschek hatte in einem Anfall von Mondsüchtigkeit die Reservierung selbst storniert, oder ein anderer hatte es getan... Die beiden, die jetzt unseren Platz bespielten? Aber wo waren die Beweise? Gegen unseren Vorwurf der Schwindelei stand das Wort zweier ehrenwerter Klubkameraden. Und wer würde schon so viel Infamie

aufbringen, durch einen Meineid das Leben seiner Schwiegermutter aufs Spiel zu setzen?
Wir resignierten, boten uns zwei anderen Klubkollegen für ein Doppel an, mit der heuchlerischen Zusatz-Frage: »Wenn ihr aber lieber ein Einzel spielen wollt ...?«
Angesichts meiner noch von der vorausgegangenen Aufregung etwas blutunterlaufenen Augen wurde uns von den Herren freundlichst versichert, daß nichts für sie erstrebenswerter wäre. Gentlemanlike, wie es Tennisspielern geziemt, überhörten wir das Knirschen ihrer Zähne.
Gleich nach dem Match stürzten wir zur Belegtafel. Wer in München einem Tennisklub angehört, weiß, daß kein Spieler jemals so schnell zu einem Stop ans Netz startet wie nach dem Spiel zur erneuten Platzreservierung.
Doch da sah es finster aus. Das erstemal wurde mir das Leid der Spätabendspieler bewußt. Heute war Montag.
Am Dienstag war zusätzlich zum Trainerplatz von sechs bis acht ein Platz für das Training der weiblichen und einer für das Training der männlichen Junioren belegt. Die verbleibenden drei Plätze waren bereits reserviert. Am Mittwoch trainierte die erste Herren- und die erste Damenmannschaft, die verbleibenden Plätze waren schon reserviert, am Donnerstag das zweite Herren- und Damenteam, die verbleibenden Plätze waren schon reserviert, am Freitag trainierten die beiden Seniorenmannschaften, die verbleibenden Plätze ... wie gehabt. Samstags lief ein Turnier: Alle Plätze gesperrt! Erst am Sonntag hatten wir unsere Chance, falls es nicht regnete.
Im Klubhaus, bei einem Glas Wein, monierte ich: »Das ist kein Zustand, die paar Plätze sind zu wenig. Wir haben

doch seit ein paar Tagen einen neuen Präsidenten. Ich kenne den Mann zwar nur flüchtig, aber wie ich hörte, ist er ein Manager, also soll er was managen. Das einzige, was ihm bisher einfiel, war eine Verordnung, daß man nur in vorwiegend weißer Tenniskleidung spielen darf. Das ärgert mich schon, alle meine adidas-Hemden sind blau. Vielleicht könnte ihm zur Abwechslung ein neues Beleg-System einfallen, bei dem nicht geschwindelt werden kann.«

»Wissen Sie denn, Herr Merkel, wie das geht?« fragte mich eine hübsche Dame am Nebentisch. Ich kannte sie nicht. Ich bin Vormittagsspieler, wie schon erwähnt; zu Versammlungen zu gehen, fehlen mir meist Zeit und Lust. So lernt man nie alle Mitglieder kennen. In diesem Fall, registrierte ich nach einem Blick auf die verführerischen Beine meiner Nachbarin, war das bedauerlich.

»Leider nein«, mußte ich auf ihre Frage zugeben, »aber *ich* bin schließlich nicht der Boß dieses Klubs.«

Wir blieben im Gespräch. »Meine Einstellung Vereinspräsidenten gegenüber ist vom Fußball her bekannt«, klärte ich meine reizvolle Bekanntschaft auf. »Das sind Leute, die bei ihrer Frau nichts zu reden haben. Deshalb suchen sie sich ein Ehrenamt, wo sie sich auf Vereinsmitglieder-Versammlungen aufplustern und endlich den großen Maxe spielen können. Macht der Typ zu Hause den Mund auf, fährt ihm seine Alte garantiert über die große Klappe.«

»Was Sie nicht sagen?« staunte sie.

In der folgenden halben Stunde – ich hatte die Dame, sie hieß Erika, auf ein Glas Wein eingeladen – konnte sie

offensichtlich nicht genug über das Thema hören. »Was glauben Sie, meine Liebe«, ermöglichte ich ihr einen Blick hinter die Kulissen, »ist zumeist der wichtigste Grund, warum einer Vereinspräsident wird?«

»Verraten Sie's mir, Herr Merkel?« flötete sie mit eindrucksvollem Augenaufschlag.

»Weil das die beste Möglichkeit ist, seinem Ehedrachen problemlos für einen langen Abend entrinnen zu können. Sitzungen, Sie verstehen?« wurde ich deutlich. Sie verstand.

»Manche Konferenzen solcher Herren«, ätzte ich noch einen drauf, »finden in Wahrheit in einem lauschigen Lokal mit einem einzigen weiblichen Mitglied als Gast statt. Ja, ich kenne sogar einen Fall vom Fußball her, da endete eine Vereinssitzung in einem Sex-Klub, mit Champagner, serviert von dürftig bekleideten flotten Bienen.«

»Was Sie nicht sagen, Herr Merkel!« machte meine neue Bekanntschaft große Augen und verabschiedete sich freundlich, aber nachdenklich.

Zwei Tage später rief mich Novatschek an. »Herr Merkel, geht es am Sonntagvormittag in Ordnung?«

»Alles klar«, antwortete ich.

»Übrigens«, fuhr er fort, »wissen Sie, daß unser neuer Präsident nach nur sechs Tagen seiner Amtszeit schon wieder zurückgetreten ist?«

»Keine Ahnung«, antwortete ich, »aber damit kommt er noch nicht ins Guiness-Buch der Rekorde. Es gab bei Schalke 04 einen Präsidenten, der warf schon drei Tage nach seiner Wahl das Handtuch. Und warum ist der Mann gegangen?«

»Weiß ich nicht«, sagte Novatschek, »ich dachte, Sie wüßten es vielleicht. Sie haben doch im Klub nach unserem letzten Doppel so lange und ausführlich mit seiner Frau gesprochen.«
»Marion«, rief ich und warf den Hörer auf die Gabel, »es gibt doch eine ausgleichende Gerechtigkeit. Wie oft wurde ich als Trainer von Vereinsbossen gefeuert, jetzt hab' ich mal einen Präsidenten gestürzt!«

Schicki-Micki

Es war bei einem Geschäftsessen in einem Münchner Nobellokal, in dem man die Gäste finanziell wie Zitronen auspreßt, aber dafür zum Ausgleich wie Sardinen aneinanderschichtet. So eng, daß man seinen Suppenlöffel nur dann zum Mund führen kann, wenn der Nachbar am Nebentisch es gerade nicht tut.

Da belauschten wir ungewollt ein Gespräch: »Zeig mal, welche Marke ist dein Wecker?«

»Patek Philippe.«

»Kostenpunkt?«

»30 000 und ein paar Zerquetschte! Und dein Zeitmesser?«

»I. W. C., Schaffhausen! Kostete mich noch ein paar Kröten mehr.«

»Cartier Tank, ein Modell aus den dreißiger Jahren«, wies der dritte lakonisch auf sein Handgelenk. »Kürzlich ersteigert für 80 Riesen, ein Gelegenheitskauf.«

»Und von wem ist Ihre hübsche Uhr, Frau Merkel?« schmeichelte unser Geschäftsfreund, der die Unterhaltung mit hatte anhören müssen, Marion.

»Von Max«, erklärte sie ihm trocken. »Hat mich gar nichts gekostet, war ein Geschenk.«

Wir passen halt nicht in die Schickeria, obwohl es uns an

Einladungen zum »Schischi« nicht fehlt. Woche für Woche ärgern mich die Telefonanrufe: »Herr Merkel, wir vermissen noch Ihre Zusage, Sie kommen doch zu unserer Party?«
»Leider nein, keine Zeit«, bemühe ich mich um Höflichkeit. Aber die Leute lassen nicht locker: »Herr Merkel, es kommt der Herr Generalintendant Immergrün, der Herr Staatssekretär Aidsweiler, Showstar Petra Rührfrau, Industrie-Baron Gunter Fick, Filmproduzent Gaggi Wiesenleitner, Schlagersänger Alberto Nero, sogar der schöne Konsul Meyer hat durchblicken lassen, daß er dem Fest beiwohnen würde.«
»Dann leiden Sie ja nicht an Gästemangel! Ich wünsche den Herrschaften viel Vergnügen«, lasse ich ausrichten, lege den Hörer auf und erkläre meiner Frau: »Es sind immer die gleichen Leute auf diesen Schickeriaparties, die sparen das Geld fürs Nachtmahl, holen sich ihre Magengeschwüre bei Gänseleber, Hummer und Kaviar umsonst. Auch die geschlauchte Leber mit Whisky und Champagner völlig kaputtzusaufen kostet sie keine müde Mark. Sie brauchen selber niemand einzuladen, nur, wann schlafen diese Schischis eigentlich?«
Normalerweise weichen wir gesellschaftlichen Dingen im großen Bogen aus, der allwöchentliche Canasta-Abend mit einem befreundeten Ehepaar, Männer gegen Frauen, verschafft uns Aufregung genug. Es geht zwar nur um Pfennige, aber ... »Wenn man spielt, will man gewinnen, warum spielt man sonst?« So erklärte ich es einmal meiner Frau, warum es mich giftet, wenn wir Männer das ganze Jahr über gewinnen, aber kurz vor Weihnachten die Frauen uns

im Endspurt überholen und, schadenfroh kichernd, uns den zum Jahresende fälligen Geldtopf vor der Nase wegkassieren.
Zurück zur Schickeria. Einmal sagte ich in einer schwachen Stunde einer Einladung zu. Jugendstilvilla, im weitläufigen Park parkten Rolls-Royce, Bentleys, Jaguars, BMWs der 7er-Reihe, Mercedes vom 500er aufwärts. Beschämt stellte ich mein bescheidenes Fahrzeug der gehobenen Mittelklasse dazu. Im Haus alles vom Feinsten, Perser-Teppiche, Kristall-Luster, chinesische Vasen, ich wähnte schon, das Stiegengeländer sei aus reinem Gold, aber es war doch nur schlichtes Messing. Auch die Hausfrau glänzte im Schmuck ihrer Juwelen wie ein reichgeputzter Weihnachtsbaum, sogar auf einem Nasenflügel funkelte ein Brillant.
Sie führte mich auf ihrer Party vor wie ein Zirkusdirektor seinen Tanzbär, vergaß aber nicht, auch Marion zu erwähnen, ohne die ich es, ihrer Meinung nach, nicht geschafft hätte, ein erfolgreicher Fußballtrainer zu werden.
In diesem Punkt widersprach ich ihr, gab aber zu, daß es mir ohne das Zutun meiner Frau nicht gelungen wäre, Vater meiner Tochter zu werden. Worauf sie mich seufzend ihren Gästen überließ, die beim Smalltalk auf das Zeichen der Hausfrau warteten, um sich wie ein Schwarm von Piranhas aufs reichbestückte Buffet zu stürzen und es ratzekahl zu speisen.
Was Franz Beckenbauer bei der letzten WM noch besser hätte machen können und wie ich den Bayern die Leviten lesen sollte, erklärten mir der Reihe nach ein Schneider, der sich als Createur bezeichnete, ein Wurstfabrikant, der

sich als Fleisch-Industrieller vorstellte, ein Sparkassenfilialleiter, der sich Bankier nannte, und ein Adeliger aus einer thronfolgeberechtigten Linie des Geschlechtes derer von ..., jetzt ist mir leider der Name entfallen. Vor weiteren ausgiebigen Belehrungen schützte mich der endlich losbrechende Sturm ans Buffet.

Im Laufe des Abends lernte ich noch einen mir völlig unbekannten Filmstar im gelifteten Alter kennen. »Herr Merkel, ich habe erst vorgestern Hollywood eine Absage erteilt, weil mich die mir parallel angebotene Nebenrolle in einer heimischen Fernsehproduktion mehr faszinierte. Eine einmalige Aufgabe, in der ich mich endlich selbst verwirklichen kann ...«

Ein Finanzier, so bezeichnete er sich wenigstens, wollte mich im Laufe des Abends an einem Paket Aktien um eine halbe Million mitnaschen lassen, die spätestens zum Ultimo explosionsartig zu boomen beginnen würden: »Nur weil ich Ihre Kommentare immer schon super fand, Herr Merkel.« Sein morgiger Anruf in dieser Sache, versprach er, würde mich endgültig zum reichen Mann machen.

Der vorgebliche Besitzer einer Foto-Handelskette erbat sich die Erlaubnis, mein abgelichtetes Konterfei auf Kissen reproduzieren zu dürfen, natürlich gegen Bares, was ich schroff ablehnte: »Dann kann sich doch jedes Arschloch auf mich ...«

Ein Typ mit gleich zwei goldenen Rolexen, einer auf der linken, der anderen auf dem rechten Handgelenk, fragte mich: »Herr Merkel, welche ist Ihrer Meinung nach die echte Marke um 25 000, welche die Hongkong-Kopie für 50 Mark?« Ich kränkte ihn zutiefst, weil ich wissen wollte:

»Sagen Sie, warum kostet die echte Uhr eigentlich um 24950 Mark mehr, geht sie um so viel schneller?«
Ein nervöser Immobilienmakler wollte mir im Laufe des Abends noch eine Penthouse-Wohnung mit Blick aufs Münchner Arabella-Haus um den Spottpreis von zweieinhalb Millionen andrehen, begnügte sich aber zuletzt damit, sich von mir 50 Mark fürs Taxi auszuborgen.
Eine andere Schickeria-Größe, ein Kaufmann, von dem gemunkelt wird, er stecke tief im Ölgeschäft, machte nicht auf so billig. Nachdem er vergeblich versucht hatte, mir eine Obligation auf einen Waggon preisgünstigstes Rohöl vom Rotterdamer Spotmarkt einzureden, schnorrte er mich um 500 Mark an, weil er im Streß seiner Geschäfte die Kennzahl von seinem Schweizer Nummernkonto vergessen hätte, »wo einige Millionen...«
Sicherlich gab es auch einige hochseriöse Persönlichkeiten unter der Gästeschar, aber man hätte sie, wie Aschenputtel die guten Erbsen, aus dem Partytopf herausklauben müssen. Einige Herrschaften zeichnete trotz des Hochsommers eine interessante Blässe aus. Leute meinten, sie wären auf Abenteuer-Urlaub in der Antarktis gewesen, andere hingen der Ansicht an, sie hätten sich zur Meditation in Zellen von klösterlicher Stille zurückgezogen. Es fiel aber, noblesse oblige, oder klarer gesagt, Schickeria verpflichtet, aus keinem Mund der Name Stadelheim. Für alle jene, die nicht der sogenannten Schickeria angehören, es also nicht wissen können, Stadelheim liegt bei München, hier urlaubt man preisgünstig, aber – hinter Gittern.
Kurz nach dieser, meiner vorläufig letzten, Schischi-Party

nahm ich einen ganz anderen geselligen Termin wahr – im Tennisklub.
Es gab ein Mannschafts-Heimspiel. Die Gäste trafen pünktlich ein, entstiegen einem schlichten Golf und einem Opel. Wir absolvierten unsere Matches, saßen anschließend gemütlich am Vereins-Buffet zusammen, bei hausgemachten Weißwürsten mit Senf. Dazu gab's Bier vom Faß. Es war urgemütlich. Da war der Hans, der Kurt, der Jörg und der Walter, und man sprach über die Jobs. Der eine hatte einen Laden, der andere eine Apotheke, der dritte war Beamter und der vierte war im Fremdenverkehr tätig. Man trennte sich in Freundschaft, beschloß, nächste Woche kommt's zum Gegenbesuch. Die Truppe fuhr ab im Golf und Opel.
Pünktlich kamen wir zum Termin in dem Kurort an, suchten den Klub, staunten über die supermoderne Tennishalle mit elektronisch gesteuertem Schiebedach, das sich bei Regen automatisch schloß.
»Drei Millionen«, erläuterten uns die Gastgeber, »aber das ist noch gar nichts, der Mann, der die Halle baute und der Gemeinde zur Verfügung stellte, sponsert unserem Ort gerade auch noch Golfplätze für noch ein paar Millionen mehr. Doch das tut ihm nicht weh. Der ist ein Supermarkt-König mit Luxusyacht, geschätztes Vermögen einige Milliarden Mark.«
»Mein Gott! Wer ist der Typ, der soviel Kohle hat«, wollte ich wissen.
»Aber du kennst ihn doch, Max, die Nummer zwei, der Hans, der letzte Woche beim Würstelessen dabei war, der im Golf mitfuhr, der mit dem Laden. Der Kurt ist übrigens auch nicht bloß Apotheker, er besitzt außerdem noch

einen Pharma-Konzern, und der vom Fremdenverkehr nennt ein Fünf-Sterne-Hotel sein eigen.«

»Und du, was bist nachher du für ein Beamter?« fragte ich.

»Nix Besonderes«, erklärte er uns, »i bin nur der Präsident von einem Bundesgerichtshof.«

»Der Typ mit den Milliarden trug nicht einmal eine Armbanduhr«, wunderte ich mich daheim zu Marion.

»Wozu?« lächelte sie, »wer was ist, braucht nicht anzugeben! Außerdem, der Mann weiß auch ohne Uhr immer, wieviel es geschlagen hat.«

Wozu Maxi sich berufen fühlt

Das Wort Beruf bedeutet, zu einer Tätigkeit im Dienste der Allgemeinheit berufen zu sein. Macht man seine Sache gut, hat man sich um die Allgemeinheit verdient gemacht, daher das Wort Verdienst, sprich Kohle. In beiden Fällen sehe ich jedoch bei unserer Tochter schwarz.«
Diesen wohldurchdachten Satz meißelte ich förmlich als fürsorglicher Vater ins Bewußtsein meiner Familie. Denn wenn es irgend etwas gab, wozu Maxi sich beruflich berufen fühlte, so hatte sie es bis zu diesem Zeitpunkt genial verstanden, diesen Punkt ihres Interesses vor uns zu verbergen.
Nicht verborgen blieb mir leider die Grundeinstellung meines in hoher Erwartung überdurchschnittlicher geistiger Fähigkeiten gezeugten Kindes:
»Paps, heutzutage ergreift man doch keinen Beruf, zu dem man sich berufen fühlt, so ein Quatsch, man jobbt, und zwar dort, wo es den meisten Kies dafür gibt.« Auf diesem moralischen Niveau verweigerte ich meiner Tochter jede Debatte.
Dafür hatte ich den Ärger im Schlafzimmer. Statt es zweckentsprechend benützen zu können, mußte ich mich bis Mitternacht mit meiner Frau herumschlagen: »Max, du bist

ungerecht! Wie soll Maxi jetzt schon wissen, was sie werden will. Hast du das in ihrem Alter schon gewußt?«

»Was heißt gewußt«, schwoll mir stolz der Kamm, »da hatte ich meine Karriere als Fußballer bei der damaligen Meistermannschaft Rapid schon begonnen.«

»Aber mit dem Kicken, sagtest du doch immer, war zu jener Zeit höchstens mal eine Wurstsemmel zu verdienen...«

»Wenn wir gewonnen haben, gab's Wiener Schnitzel und Erdäpfelsalat... Außerdem habe ich natürlich daneben auch ein vernünftiges krisensicheres Studium und dazu auch die praktische Ausbildung als Maschinenbau-Elektro-Techniker absolviert.«

»Okay, Max, aber laß doch Maxi erst mal das Abitur machen, dann wird man weitersehen.«

»Wenn sie sich jetzt für nichts interessiert als für ihre Mickymaus-Hefte, wird sich das auch in nächster Zeit nicht ändern«, beharrte ich eisern auf meinem Standpunkt.

Da hatte ich mich aber schwer getäuscht.

Mickymaus-Hefte? Nur ein Jahr nach diesen ersten Debatten über Maxis berufliche Zukunft waren die ›out‹. ›In‹ waren Gruselstories von Stephen King, Walkman im Ohr, und ›in‹ waren auch Mädchen-Magazine, bei deren zufälligem Studium selbst mir, als ehemaliger Fußball-Profi in Sachen Erotik abgebrüht, bei einzelnen Artikeln die Röte der Scham ins Gesicht stieg.

Wiederum ein Jahr später gingen Maxis Interessen unverkennbar vom Studium der Theorie zur Praxis über. ›In‹ waren Freundinnen, Discos, schicke Klamotten. Und ›mega-in‹ waren – Jungs.

Zu diesem Zeitpunkt schmolz jedoch mein Vaterherz trotz gewisser Besorgnisse um das Seelen- und sonstige Heil unserer sich körperlich unübersehbar hervorragend entwickelnden Tochter vor Stolz nur so dahin. Denn Maxi zeigte schlagartig brennendes Interesse an ihrer Berufswahl:
»Paps, was hältst du davon, wenn ich Informatik studieren würde?« Die Frage traf mich völlig unvorbereitet.
»Informatik, hmmm, darüber muß ich erst nachdenken, das bedarf reiflicher Überlegung«, zog ich mich vorübergehend aus der Affäre, um schnell im Lexikon nachschlagen zu können, um was zum Teufel es sich bei diesem Studium handelt.
Marion muß schon früher nachgeschlagen haben. »Max, das ist die Wissenschaft von den Informationsabläufen, der Datenspeicherung und -verarbeitung für Technik, Wirtschaft und Verwaltung durch elektronisch gesteuerte Computersysteme«, klärte sie mich auf.
»Und wie kommt Maxi plötzlich auf die Idee, so eine komplizierte Materie in den Griff kriegen zu wollen?«
»Ganz einfach! Der Junge, mit dem sie gerade geht, will Computer-Experte werden.«
Ab diesem Zeitpunkt wechselten Maxis Berufsziele im Schnitt alle zwei Wochen. Meist am Sonntag vormittag, denn Samstag war ihr Disco-Abend, an dem sie neue Bekanntschaften mit Jungs schloß. In zwangloser Folge wollte sie Ralley-Copilotin, Fliesenlegerin, Stuntgirl, Metzgerin, Steuerberaterin, Köchin, Mechanikerin und Zahnarzt-Assistentin werden. Auch diese Welle ging vorüber.
Maxi beschloß, Millionärin zu werden: »Da braucht man

nicht wegen jeder Tüte Eis vor seinen Eltern auf den Knien zu rutschen und kann mal 'nem Jungen, der auch so knausrige Alte hat, 'ne Cola spendieren. Und außerdem mache ich mit Achtzehn den Führerschein und brauche ein eigenes Auto. Und wenn ich großjährig bin, kann ich hinfahren, *wohin* ich will und vor allem *wann* ich will!«
Wenn ich auch nur geringes Verständnis für Maxis Motive aufbrachte, so war ich doch von der Zielsetzung sehr angetan. »Womit willst du denn deine Millionen verdienen?« fragte ich sie.
»Andere für mich arbeiten lassen«, beeindruckte mich meine Tochter mit dem Wissen über das Geheimnis des Erwerbs von Reichtum.
Von nun an wählte sie ihre Boyfriends unter dem Gesichtspunkt ihrer Nützlichkeit für das gesteckte Ziel aus. So sammelte sie ein Team zukünftiger Experten um sich. Soweit ich noch den Durchblick hatte, befanden sich darunter ein Bankkaufmann-Azubi, der vorläufig noch sehr minderjährige, aber erbberechtigte Sproß einer international betuchten Münchner Geldadels-Familie, die an Anlagegeschäften partizipierte, der Steuerrecht studieren wollende Sohn eines Vaters, der selbst Inhaber einer florierenden Steuerkanzlei war. Vorsichtshalber rundete sie den Verein um einen zukünftigen Jura-Studenten auf.
Wozu ihre in diesem Rahmen ungewöhnliche Bekanntschaft mit einem Bäckerlehrling dienen sollte, erklärte mir Maxi so: »Wenn alles schiefgeht, habe ich wenigstens mein täglich Brot.«
Auch diese Welle ging vorüber. Je näher sich das drohende Abitur abzeichnete, das nur noch durch eine Klassenwie-

derholung hinausgeschoben werden konnte, um so mehr zeichnete sich Maxis positiver Hang zur Existenzsicherung ab.
»Paps, ich habe das Problem von allen Seiten durchleuchtet«, erklärte sie mir in einer Stunde der Mitteilsamkeit. »Mehr und mehr neige ich der Ansicht zu, das Studium der Publizistik aufzunehmen. Da habe ich erstens weiter Anspruch auf elterliche Unterstützung, kann zu Hause wohnen bleiben, brauche keine Miete zu bezahlen, wofür in München alle sechs Monate locker ein Gebrauchtwagen zu ersparen ist. Zweitens hast du doch genug Verbindungen, um mir dann einen guten Job bei einer Zeitung zu verschaffen.«
»Der zweite Teil deiner Überlegungen klingt nicht übel«, bekannte ich zustimmend.
»Wie ist Maxi endlich auf den rechten Weg gekommen?« fragte ich wißbegierig meine Frau. »Steckt da wieder ein neuer Freund dahinter?«
»Nein, ein Zeitungsmann«, berichtete sie, »Maxi hat durch Zufall erfahren, was dein Chefredakteur verdient.«
»Wenn Maxi diesen Posten anstrebt«, reagierte ich sauer, »kann sie mich eines Tages feuern, wenn ich mich als Vater schlecht benehme ...«
Zum Glück blieb auch dieses Ziel nicht der letzte Schluß ihrer Teenager-Weisheit.
Zur Zeit geht es bei der Berufsausbildungs-Wahl kreuz und quer durchs Beet.
Kürzlich, als Maxi Tierärztin werden wollte, weil unser Hund zum drittenmal operiert werden mußte, wurde mir die endlose Diskussion endgültig zu bunt.

»Zum Kuckuck mit euch Weibern«, verlor ich die nervliche Balance. »Jetzt hört schon auf mit dem ewigen Hin und Her. Maxi, faß endlich einen Entschluß! Du wolltest doch Millionärin werden ...?«
»Und was, Max«, fragte meine Frau pikiert, »soll Maxi deiner Meinung nach für dieses Ziel studieren?«
»Ganz einfach«, belehrte ich meine Familie, »wie man aus einer Mark zwei macht.«

Wenn die morschen Knochen zittern

»Max, wir brauchen einen Mannschaftskapitän. Mach du das doch! Mit einem Max Merkel als Coach, da wäre unser Team unschlagbar«, baten mich meine Tennis-Kameraden.
Geschmeichelt willigte ich ein. Viele Fehler habe ich in meinem Leben gemacht, aber nur wenige haben mir solchen Ärger bereitet. Bei unserer kampfstarken Truppe handelte es sich um die »Senioren II«, auch »Super-Senioren« genannt.
Wichtigste Voraussetzung, um in diese Elite-Formation aufgenommen zu werden, ist ein Mindestalter von 60 Jahren, nach oben ist alles offen. Jedermann wird klarsein, daß sich in solch einer Riege die geballte Turnier-Erfahrung von Jahrzehnten versammelt. Gestählt in Hunderten Hitze- oder Regenschlachten, vertraut mit den Tücken von Sand-, Hart- oder Teppichplätzen, mit jedem Material, jeder Ballmarke, zählen wir Super-Senioren zu den gefürchtetsten Gegnern auf dem Court. Bedauerlicherweise schreiben die Regeln vor, daß diese im Zenith ihres Könnens stehenden Athleten sich nur untereinander in den Medenspielen messen dürfen.

»Sei's drum«, erklärte ich abends meiner Frau stolz. »Schon Cäsar sagte, ›lieber im kleinsten Dorf der Erste als in Rom der Zweite‹. Marion, ich mache aus meiner Truppe ein Siegerteam. Hab' ich nicht auch ›München 1860‹, den 1. F. C. Nürnberg und sogar Atlético Madrid zur Meisterkrone gepeitscht?«

»Du hast«, wandte meine Frau ein. »Aber deine Fußballer waren Profis, im Durchschnitt bestenfalls 25 Jahre jung. Wenn ich an ein Einzel in der Mittagshitze denke, das sich möglicherweise über zwei Stunden zieht, Max, ich fürchte, deine ›Grufties‹ sind da einem Herzschlag näher als dem Lorbeerkranz.«

Was soll's, meine Frau neigt zur Kleinmütigkeit.

Die Mannschaft bestand aus sechs Spielern, die sich in der Verbandsrunde jeweils in vier Einzeln und zwei Doppeln bewähren sollten. Die Aufstellung blieb dem Kapitän überlassen.

Im Training lief alles ganz gut an. Da jeder die Stärken, Schwächen und Tricks des anderen kannte, alle gleich ›schnell‹ auf den Beinen waren, lieferten sich meine »Grauen Panther« knallharte Match-Duelle, übten fleißig Stops, Lobs, Schmetterbälle, feilten an Vor- und Rückhand, ja sogar zu ein paar Metern Waldlauf nach dem Training konnte ich sie überreden. Doch je näher der Termin des ersten Matches rückte, um so matter agierte meine Truppe.

»Habe ich meine Mannen überfordert?« quälten mich meine Gedanken bis zur Schlaflosigkeit. »Und wen sollte ich aufstellen, wen auf die Bank verbannen? Welche Paare sollten sich in den Doppeln siegreich schlagen?«

Franz Beckenbauer kann bei der WM in Rom in ähnlicher Situation nicht viel weniger gelitten haben. Vor meinen geistigen Augen ließ ich meine Männer wieder und wieder Revue passieren:

Da war Josef. In seiner Jugend ein Spitzensportler, aber nicht als Tenniscrack, sondern als Handballer. Heute ringt er am Platz nach kaum zwanzig Minuten nach Luft. Doch immerhin ein abgebrühter Haudegen, der es versteht, durch Tempowechsel einen Gegner zu entnerven. Geradezu mörderisch seine Geheimwaffe: in Zeitlupe erst einen Ball holen, zurück zur Linie, dann genau so gemächlich den zweiten suchen, zurück zur Linie. Jetzt den Ball zum Aufschlag hoch in die Wolken werfen, mit dem Schläger zum Kanonenservice ausholen, Ball wieder auffangen, nochmals dasselbe, und in dem Augenblick, da sein Kontrahent verzweifelt auf den dritten Hochwurf zum donnernden Aufschlag wartet, kommt blitzschnell eine Art Einwurf, ganz kurz hinters Netz. Meist verstolpert sich der verstörte Gegner am Weg zum Return.

Super-Senioren lieben solche Späße. Josef hat eine ganze Sammlung davon auf Lager, dazu die Fähigkeit, bei entscheidenden Ballwechseln, mitten im Spiel, eine Diskussion mit einem Zuschauer zu entfachen, ob der vorige Ball tatsächlich ›out‹ war. Wehe dem, der sich dadurch aus der Ruhe bringen läßt. Josef nie. Seine Bälle schlägt er als Slice, Topspin, Stop oder Lob in so verwirrendem Wechsel, mit unterschiedlichster Härte, daß ein Gegenspieler sich einmal nach verlorenem Match am Spielfeldrand niederkniete und laut betete: »Lieber Gott, bewahre uns vor allen Übeln und Tennisspielern, wie dieser Josef einer ist...«

Josef kann alles, nur nicht laufen. Bringt ihn ein Gegner zum Schwitzen, verfällt er, ich deutete es schon an, spätestens nach zwanzig Minuten, ringt nur noch nach Atem. Sollte ich Josef dennoch eine Chance geben?

Da war Gernot, ein Recke wie aus dem Nibelungenlied. In blanker Rüstung betritt er das Schlachtfeld, genauer gesagt, bis zum Kinn in diverse Stützbandagen gehüllt, in die er sich bereits eine halbe Stunde vor Spielbeginn in der Garderobe einzuwickeln beginnt, um dem Schlottern seiner ausgeleierten Gelenke zu begegnen. Zuletzt sieht er aus wie Frankenstein in seinem ersten Film, kurz bevor das Monster durch Blitzschlag zum Leben erweckt wird.

Als Gernot einmal einen Knieschoner vergaß, gab er deprimiert noch vor dem Spiel auf: »Ohne den springt mir garantiert das Knie heraus.«

Zumindest sechs Schläger mit verschiedenen Bespannungen schleppt Gernot mit sich, um dem Feind ausreichend bewaffnet gegenüberzustehen. Bemerkenswert ist seine Zähigkeit. Noch nie gab Gernot eine Tennisschlacht vor dem letzten Punkt verloren.

Sein Start ist phänomenal. Locker schlägt er seine Bälle, longline und cross, jagt seinen Gegner von einer Ecke in die andere, beherrscht das Feld. Kraftstrotzend, voll Dynamik. Konditionsstark, wo Josef schon der Atem fehlt, beginnt Gernot sich erst richtig wohl zu fühlen. Das ist der Augenblick, da er dazu ansetzt, mit raketengleichen Vor- und Rückhands den Feind hinter die Grundlinie zu treiben, ihn dort förmlich festzunageln, selbst aber ans Netz zu stürmen, um den in höchster Verzweiflung geschlagenen Return mit tödlichem Volley in einen Punkt zu verwandeln.

An diesem Punkt meiner Überlegung mußte ich allerdings auch berücksichtigen, daß Gernot, kurz bevor er seinen Gegner endgültig zu zerschmettern droht, dazu neigt, diesem gewissermaßen ins offene Messer zu laufen. Denn mancher der abgebrühten alten Kämpfer der Super-Senioren-Klasse erkennt rasch die verwundbare Stelle in Gernots ansonsten brillantem Spiel:
Zwar vermag er die schärfsten Bälle mit noch schärferen zu beantworten, aber ein sich übers Netz schleichender lebloser Return ist seine Sache nicht. Statt daß er solche »Nudeln« seinen Kontrahenten erst recht um die Ohren drischt, zeigt er sich gelähmt wie das Kaninchen vor der Schlange. In hinterhältigster Weise nutzen seine Feinde diese Achillesferse: Ball auf Ball tropft Gernot vor den Schläger, in präziser Ausgewogenheit setzt er von nun an 50 Prozent seiner Schläge ins Out, 50 Prozent ins Netz. Mit fliegenden Fahnen geht er dann zuletzt unter, schmettert hinter dem letzten Outball noch sein Racket hinterher, gratuliert mit sportlichem Händedruck dem Sieger, stürzt sich danach in der Kantine zum Trost ein kühles Bier in die Kehle und gibt, jede Wette darauf, den bereits legendären Satz von sich: »Freunde, das war nicht mein Tag, glaubt mir, normal hätte ich nie verloren.«
Gernots Einsatz als Mannschaftsspieler war, bei rechtem Licht besehen, nicht gerade, was man im Glücksspiel als eine Bank bezeichnet.
Ein sicherer Punkt in jedem Mannschaftsspiel ist dagegen Sepp. Zwei Dinge bestimmen in der Freizeit sein Leben: der Tennisschläger und der Maßkrug. Bier ohne Sepp, das könnte man sich zur Not noch vorstellen, aber keineswegs

Sepp ohne Bier. Genüßlich schüttelt er schon vor dem Match zur nervlichen Beruhigung eine Halbe in sich hinein. Zumindest vier Dosen vom ausschließlich bayerischen Gerstensaft – wegen des Reinheitsgebotes – begleiten ihn auf den Court.

Bei jedem Seitenwechsel nimmt Sepp einen kräftigen Schluck, bevor er die markigen Worte spricht: »Alsdann, geh' ma's wieder an.«

Sein Spiel verläuft so unauffällig, daß der Gegner irgendwann total überrascht feststellen muß: »Matchball für Sepp!« Das Erfolgsrezept ist – außer Bier – Sepps völlige Gleichgültigkeit gegenüber dem Spielgeschehen. Selten macht er Punkte. »Der andere soll sich abplagen«, erklärte er es mir. »Es genügt, wenn ich ihm den Ball so lang z'ruckschupf, bis er einen Fehler macht.« Und das Zurückschupfen beherrscht Sepp wie kein anderer.

Eigenes Mißgeschick kommentiert er leichthin mit dem ihm sehr geläufigen Götz-Zitat, Streitigkeiten über Outbälle erstickt er im Keim, indem er verkündet: »Wann i sag, der war out, dann war er out«, und mit etwas erhobener Stimme hinzusetzt: »Is no was?« Meist ist nix mehr, denn Sepp ist fair, und überdies mißt er gut seine Einsneunzig, aber gleichermaßen in der Höhe wie im Umfang. Zum perfekten Volleyspiel fehlt ihm die Möglichkeit, nahe genug ans Netz zu gelangen, dem ist seine Bierkugel vor.

Demnach alles klar: Sepp ist ›in‹!

Ohne Zweifel ist auch die Aufstellung des Nestors unseres Teams. Ludwig zählt zwar schon einundsiebzig Lenze, aber noch immer beschwert sich in feuchtfröhlichen Vereinsfesten seine Frau: »Der Wiggerl laßt mir keine Nacht mei

Ruh'!« Ruhe ist auch das letzte, was er seinen Widersachern auf dem Tennisplatz gönnt.

Wieselflink schickt er sie früher oder später ins Delirium. Seine Taktik ist einfach: Ein Ball ›angewinkelt‹ cross weit in die rechte, der nächste in die linke Ecke, ein ›zerschnittener‹ Stop senkt sich rechts vorne hinters Netz, dann ein hoher Lob zurück in die linke Ecke zur Grundlinie. Das ganze von vorne. Wer es noch nicht bemerkt hat: So läuft der Gegner im Kreis.

Sollte er sich aber langsam an diese Rundbahn gewöhnt haben, dreht Wiggerl das Karussell zur Abwechslung mal in die entgegengesetzte Richtung, dazu tropfen seine Stops immer kürzer hinters Netz, seine Crossbälle werden immer crosser, seine Lobs immer höher. Der Kreisel läuft so lange, bis er seinen Widerpart schwindlig gespielt hat. Kaum ein Match, das Wiggerl auf diese Weise nicht zuletzt für sich entschied.

Einmal allerdings lobbte unser Nestor die kleine gelbe Kugel so weit in die Wolken, daß sie den Augen der Zuschauer entschwand. Böse Zungen behaupten, dieser Ball sei bis heute nicht mehr zurückgekehrt, umkreist seither im Weltall als Mini-Satellit, bei Mondenschein winzig leuchtend, unsere Erde.

Josef, Gernot, Wiggerl, Sepp, das war der harte Kern meiner Mannschaft. Dann gab's noch Charly, ein im Grunde verläßlicher Kämpfer mit guter Spieltechnik, aber einem nicht zu unterschätzenden Handicap: seiner Ehefrau.

Charly erscheint pünktlich auf dem Platz, liegt nach der Spieleröffnung auch meist im Vorteil, aber der Umstand,

daß es nur eine Frage der Zeit ist, wann seine Ehefrau Emmi als Zuschauerin auftaucht, vermindert seine Einsatzfähigkeit beträchtlich. Denn unter ihren vorwurfsvollen, anklagend zum Himmel gerichteten Blicken, wenn Charly einen Fehler macht, ihren sich am Rande der Verachtung bewegenden Gesten, wenn ihm auch noch beim Aufschlag das Mißgeschick eines Doppelfehlers unterläuft, kippt sein Spiel mit der Regelmäßigkeit eines Schweizer Uhrwerkes.

Dann gab es natürlich noch mich, Max Merkel. Über meine Spielstärke viele Worte zu verlieren, verbietet mir die Bescheidenheit. Es mag wohl der Hinweis genügen, daß meine Tennisfreunde mich als »Turm am Netz« zu bezeichnen pflegen. Im Zuge einer kleinen ehelichen Differenz während eines Mixed stichelte meine Frau allerdings einmal hämisch: »Max, selbst ein Turm bewegt sich mehr als du!« Sei's drum, ein Kapitän braucht Selbstvertrauen, muß er doch seinen Leuten ein Vorbild sein. So scheute ich nicht davor zurück, mich in unserem Team auf Platz 2 zu reihen. Platz 1 hielt unangefochten der Sepp.

Dem Beispiel unseres Weltmeister-Teamchefs Franz Bekkenbauer folgend, gab ich die endgültige Aufstellung erst kurz vor dem Spiel bekannt. Wiggerl und Josef spielten als Nummer 3 und 4.

Schon die erste Runde sollte zum Waterloo werden. Nur Sepp und Wiggerl konnten ihr Spiel in die Scheune fahren. Josef ging schon im ersten Satz die Luft aus, keuchend rettete er sich noch ins Tie-Break, das er mit 7:0 verlor. Weil ich auf einen Gegner stieß, der mit den unfairsten Mitteln versuchte, mich zum Laufen zu bringen, verwei-

gerte ich ihm den Gefallen, verharrte eisern auf der Grundlinie, ignorierte eiskalt seine Stops. Da mein Aufschlag jedoch nicht seinen Rhythmus fand, meine Vor- und Rückhandbälle immer um ein Frauenhaar ins Out gingen, verlor auch ich unglücklich. Selbst unsere eingespielten Doppel versanken in Agonie. Gernot, den ich dafür nominiert hatte, rutschte im zweiten Satz mit dem Ellenbogen aus seiner Bandage und gab auf.

Beim abschließenden gemeinsamen Essen tröstete ich meine Mannen: »Sogar ein Ivan Lendl gewinnt nicht, wenn er einen schlechten Tag hat.«

»Ich weiß schon«, schnitt mir meine Frau wie gewöhnlich das Wort ab, als ich versuchte, ihr dann zu Hause das Debakel zu erklären, »man muß auch verlieren können ...«

Aber bei der nächsten Runde witterte ich Revanche! Doch schon traf mich ein neuer Schlag. Josef krächzte: »Hab's im Hals, Max.«

Gernot jammerte: »Mein Knie, Max.« Charly wehrte auch ab: »Meine Frau, Max ...«, und sogar Wiggerl beschied mich gekränkt: »Hast mich letztesmal beim Doppel nicht eingesetzt, brauchst mich jetzt auch zum Einzel nicht.«

Nur Sepp sagte: »Alles klar, aber ein Bier auf Vereinskosten ist fällig, falls i g'winn ...«

Mit Hintanstellung meines Stolzes gelang es mir, Wiggerl doch zur Teilnahme zu bewegen. Ein Ersatzspieler sprang als Vierter ein und, o Wunder, wir siegten glatt, gewannen alle Einzel und die Doppel.

»Never change a winning team«, erklärte ich stolzgebläht meiner Frau. »Nächste Woche gibt's die gleiche Mann-

schaft, Marion, wir sind auf der Siegerstraße. Bald wird es wieder heißen: Max Merkel, der Meistermacher.« Gut gelaunt, wie ich war, überhörte ich großzügig den anzüglichen tiefen Seufzer, den meine Tochter Maxi daraufhin ausstieß.

Tatsächlich reüssierten wir in der gleichen Formation auch in der nächsten Runde. Das kostete mich allerdings die Freundschaft meiner Klubkameraden Josef Gernot und Charly.

»Max, du Schlawiner, warum hast du uns nicht aufgestellt?« stellten sie mich entrüstet bei unserer siegreichen Rückkehr im Vereinsheim.

»Josef, du hast doch nur für zwanzig Minuten Atem, das hast du doch selber zugegeben«, verteidigte ich mich.

»Richtig«, schnaubte er, »aber als Nummer 3 wäre ich gegen einen Typen angetreten, der nur für 15 Minuten Luft hat. Das hättest du berücksichtigen müssen.«

Und Gernot warf mir einen traurigen Blick zu: »Das hätte ich nicht von dir gedacht, Max, daß du mich wegen eines verlorenen Spiels gleich aus der Mannschaft feuerst! Aber du warst ja schon als Fußball-Coach berüchtigt für deine Brutalität . . .«

Charly würdigte mich nicht einmal eines Vorwurfes, und seine Frau grüßte meine Frau nicht mehr.

Beim nächsten Rundenspiel siegten wir zwar wieder, aber ich verlor auch noch endgültig die Zuneigung von Wiggerl, weil ich ihm zwar wiederum einen Platz im Einzel anbot, ihn aber, zu seiner körperlichen Schonung, erneut nicht fürs Doppel zum Einsatz brachte.

Er verabschiedete sich von mir nach gewonnenem Spiel

kühl mit dem leicht abgewandelten historischen Satz: »Max, mach dir in Zukunft deinen Dreck alleine ...«
Machen wir es kurz, wir wurden tatsächlich Meister in unserer Gruppe. Nur verlor ich danach auch die Sympathie meines letzten Getreuen. Weil ich dem Sepp vor seinem alles entscheidenden Match ein für ihn unbegreifliches Alkoholverbot auferlegte, beendete er das Spiel zwar wie gewohnt siegreich, kündigte mir jedoch danach die Gefolgschaft auf.
»Max«, erklärte er, »ich hab' immer schon so ein Gefühl g'habt, weil du doch ein Weintrinker bist. Jetzt hat sich's bestätigt: A Mensch, der was koa Bier mag, das ist koa Mensch.«

Schokoletti

Schreib die Wahrheit, Max. Die Geschichte soll allen Ehemännern als Warnung dienen«, erlaubte mir Marion ausdrücklich, meinen Ärger mit Schokoletti zu erzählen. Um Trouble mit meiner Frau, selbst nach Jahrzehnten innerlicher Einkehr und Reue, zu vermeiden, will ich versuchen, mich bei der Schilderung meines jugendlichen Fehltritts vorwiegend auf die Schattenseite der Affäre zu beschränken, obwohl es, wenn ich mich recht erinnere, da auch noch ... Genug, hier mein Bericht.

Zu jener Zeit war ich Trainer bei Rapid, bei dem Verein, wo ich als Fußballer meine Triumphe feierte. Ich reiste mit meinen Kickern zu einem Turnier nach Budapest. Wir waren in einem Hotel auf der Margareten-Insel untergebracht. Traumwetter. Eine Sightseeing-Fahrt im Bus. Da trippelt ein Mädchen vor uns. Superfigur!

Wenn eine Fußballmannschaft im Bus sitzt, und eine flotte Biene kommt in Sicht, geht das wie auf Knopfdruck: alle Köpfe in die gleiche Richtung. Das ist das einzige, was bei einer Mannschaft immer funktioniert. Selbst wenn der gegnerische Mittelstürmer zehn Meter vom Tor den Ball vor den Fuß kriegt, reagieren Kicker-Profis nicht so schnell wie auf das verführerische Wiegen weiblicher Pobacken.

Wir verteilten uns zu einem Bummel. Aber mein Spezl Fred Körner und ich waren noch voll auf das Mädchen mit dem aufregenden Hüftschwung programmiert.
Wir sahen uns an, die Verständigung klappte wortlos wie beim Doppelpaß. Dann machten wir kehrt, dribbelten in Richtung Donau, dorthin, wo das Ziel unserer Sehnsucht verschwunden war, hatten bald Sichtkontakt. Sie wiegte sich zum Strom hinab, wo Schiffe und Ruderboote lagen. In einem der Fischerhäuschen am Ufer mit Netzen davor verschwand sie. Doch zuvor blickte sie sich plötzlich um. Wir winkten ihr zu, sie winkte zurück.
»Gebongt«, erklärt ich Fredl die Lage, »sie kommt wieder.«
Sie kam auch wieder, lächelte, sah aus der Nähe noch hübscher aus als aus der Ferne.
»Jetzt laß dir was einfallen«, sagte ich zu meinem Spezl, »aber auf ungarisch, vermutlich kann sie nicht Deutsch.«
Sie verstand kein Wort von dem, was wir ihr mit Händen und Füßen zu erklären versuchten. Und wir beide verstanden kein Wort Ungarisch, außer: Eljèn! ...
Irgendwie gelang es uns doch, ihr klarzumachen: »Wir sind Fußballer, haben nachmittags ein Match, danach ein Bankett. Nach dem Essen wollen wir dich in unserem Hotel treffen.« Das war der einzige Punkt in Budapest, den wir bestimmt nicht verfehlen konnten.
Ausgerechnet an diesem Abend gab es einen Wolkenbruch. Es schüttete aus Wasserfässern vom Himmel. Aber als wir in die Hotelhalle kamen, saß sie schon lächelnd da, war naß, aber schön. Wir hatten einen ungarischen Spieler, Hidegkuti von Honved, zum Dolmetschen eingeladen.
Als Fredl Körner endlich schlafen ging und Hidegkuti sich

verabschiedete, lernte ich bei ihr auf meinem Zimmer bis zum Morgengrauen soviel Ungarisch, daß ich sie fragen konnte, was sie sich beim nächsten Wiedersehen wünschte. Zu jener Zeit gab es in Budapest nicht viel zu kaufen. Fast alle Dinge, die einer Frau Freude machen konnten, kamen aus dem Westen. Also erwartete ich eine teuere Antwort, doch sie lächelte nur glücklich: »Schokoletti!« – Schokolade. Von da an nannte ich sie Schokoletti.

Wir spielten ein paar Wochen später wieder in Budapest. Oster-Turnier. Die ganze Mannschaft brachte für Schokoletti Schokolade mit, ich schleppte einen ganzen Karton an, risikofreudig durch den Eisernen Vorhang geschmuggelt. Schokoletti freute sich wie ein Kind.

Diesmal gab es einen echt ungarischen Abend mit jeder Menge Essen, Trinken und Zigeunermusik. »Mulàtcsàg« nennen die Ungarn so eine »Orgie«. Daran kann man sich als Wiener sofort gewöhnen.

Vierzehn Tage später wollte es das Schicksal wieder: Budapest! Jetzt wurden Fredl und ich schon zu Schokoletti nach Hause eingeladen. Eine Tante war da, es gab pfefferscharfe gefüllte Paprika. »Du kannst die Tante doch nicht am späten Abend allein nach Hause gehen lassen!« erklärte ich Fredl, was gute Manieren sind. Zum Abschied trat er mir gezielt auf die Zehen.

»Wenn du einmal nach Wien kommst, Schokoletti...«, säuselte ich diesmal beim Abschied, schließlich hatte sie mich hier in Budapest verwöhnt.

Doch schauderte mir in Wahrheit bei diesem Gedanken. Schließlich war ich verheiratet, und ein gewisser Instinkt sagte mir, daß meine Frau an dieser Schokoletti lange

nicht so viel Gefallen finden würde wie ich. Aber da gab es damals den Eisernen Vorhang, die Gefahr war nicht groß. Denkste! Was passiert ein paar Wochen später? Aufstand in Ungarn! Ein Anruf aus einem Flüchtlingslager: »Herr Merkel, da ist eine gewisse Schokoletti ... sie ist geflüchtet, mit einem Trainingsanzug und Ihrer Telefonnummer!«

Mir schwante Unheil. Meine Frau und Schokoletti, das Doppel war nicht auszudenken! Helfen mußte ich aber, also setzte ich mich ins Auto. Mit viel Mühe brachte ich Schokoletti in Wien unter, bei einem entfernten Verwandten von ihr. Aber das Problem blieb. Schokoletti war so anhänglich, wartete jeden Tag auf mich und – daheim wartete meine Frau.

Schokoletti suchte sich eine Wohnung, war nicht zu bewegen, Wien zu verlassen. Ein Spezl verschaffte ihr einen Job bei einer Versicherung. Jetzt hatte sie auch noch eine Stellung. Das konnte so nicht weitergehen, früher oder später würde meine Frau ... Meine Nerven flatterten, ich verzagte mehr und mehr.

Da bekam Rapid eine Einladung nach New York. Schokoletti hatte mir erzählt: »Da ist eine Tante in New York.« Ein Strohhalm?

Zwei Monate später wieder zurück in Wien. »Deine Tante lädt dich ein, nach New York.« Schokoletti schüttelte den Kopf.

Vierzehn Tage später ein Schreiben vom US-Konsulat an Schokoletti: »Visum ist da! Flugticket ist da! Sie können Ihre Tante in New York besuchen!«

Ein Aufschrei! Schokoletti will nicht nach Amerika! Sie will dableiben, bei Max!

Endlich tat ich, was ich längst hätte tun sollen, schenkte ihr reinen Wein ein: »Max ist schon verheiratet! Aber in Amerika gibt es zweihundertachtzig Millionen Menschen, rund die Hälfte sind Männer, da könnte doch einer drunter sein ...«

Es half nichts. »In New York Leute spielen nicht gut Fußball!« klagte sie in exotisch magyarischem Deutsch. Da konnte ich nicht widersprechen, gab aber meine Chance nicht mehr aus der Hand, redete wie um mein Leben. Fredl half mit, die ganze Rapid-Mannschaft versprach ihr goldene Berge im Land der unbegrenzten Möglichkeiten.

Endlich saß Schokoletti im Flugzeug. Als die Maschine vom Schwechater Flughafen in den Himmel stieg, muß es in Wien ein mittleres Erdbeben gegeben haben. Das war der Stein, der mir vom Herzen fiel!

Was weiter geschah? Ein halbes Jahr Funkstille, dann ein Brief. Nicht an mich – Schokoletti war taktvoll –, sondern an Spezi Fredl: »Habe meine große Liebe kennengelernt, werde heiraten. Ein reicher Mann, spielt nicht Fußball, nur Poker.«

Zwei Jahre später: »Habe zwei Kinder. Bin glücklich, mein Mann auch, pokert nicht mehr.«

Kunststück! Bei Schokoletti dachte ich auch nie ans Kartenspielen.

Dieser Satz, das weiß ich, wird mir wieder einigen Ehe-Ärger bescheren, selbst nach Jahrzehnten der Einkehr und Reue. Aber sagte meine Frau nicht: »Schreib die Wahrheit, Max!«?

Das lasse ich mir nicht gefallen, Herr Merkel

Wer zweifelt schon daran, daß der Urlaub die schönste Zeit des Jahres ist? Schon bei der Ankunft in unserem Hotel registrierte ich rundum nur glückliche Gesichter.

»Ach, Herr Merkel, endlich nur der Familie gehören, ausspannen, die Seele baumeln lassen. Wissen Sie, wie schön das ist? Schließlich hat man das ganze Jahr dafür geschuftet, gedarbt, gespart«, erklärte mir vor der Rezeption ein gewisser Herr Grauberger. Der Mann gab vor, mit mir bestens bekannt zu sein: »Sie erinnern sich doch, Herr Merkel, wir waren ein Herz und eine Seele auf jener Party in München ...«

Beim besten Willen konnte ich mich daran nicht erinnern, ahnte aber aus leidvoller Erfahrung, daß es sinnlos sein würde, dies diesem Herrn Grauberger ausreden zu wollen.

Der erste Urlaubsmorgen fand mich und meine Familie in bester Ferienstimmung beim Frühstück, an einem Fenstertisch mit Traumblick aufs wellengekräuselte Meer. Der Kaffee duftete in den Tassen, die Frühstückseier hielten putzige buntgestrickte Hütchen warm, wir lobten den Service und das Ambiente des Hauses, da vernahmen

wir ein Krakeelen aus der hintersten Nischenecke. Dort versuchte gerade Herr Grauberger der Serviererin klarzulegen, daß er sich für 150 000 Lire am Tag, pro Person, einen besser situierten Tisch erwarte. Doch blieb sein Anliegen unverstanden.

Wir sonnten uns am Strand in unseren Liegestühlen, da marschierte die Familie Grauberger im Gänsemarsch zielstrebig vorbei, vollbepackt mit Gummitieren, Surfbrett, Badetüchern und einem halben Dutzend Umhängetaschen, in Richtung Meeresrand. Kurz darauf ein Gezeter.

»Grauberger!« schoß es mir durch den Kopf. Richtig. Diesmal ging es um die Liegestühle.

»Nix quinto serie, prima serie«, forderte er als von ARD und ZDF verwöhnter Deutscher auch hier sein Recht auf Plätze in der ersten Reihe, mit freiem Blick auf Sandburgen, Wellen und was immer da schwamm und kreuchte.

Doch auch bei diesem Verlangen blieb ihm offensichtlich der Erfolg versagt. Es kam wiederum zum Rückzug. Vollbepackt mit ihren Badetüchern, Gummitieren, einem halben Dutzend Umhängetaschen und dem Surfbrett zogen sich Graubergers zu den ihnen zugewiesenen Liegestühlen in der fünften Reihe zurück. Und wiederum zischte Grauberger im Vorübergehen mir zu: »Glauben Sie nicht, Herr Merkel, daß ich mir das gefallen lasse, für 150 000 Lire am Tag, pro Person ...«

Beim Abendessen saßen Graubergers noch immer in der Nische, aber da es draußen ohnehin schon begann, dunkel zu werden, konnte das Unglück darob nicht beträchtlich sein. Doch aus den Augenwinkeln konnte ich beob-

achten, wie Grauberger mit dem zu seinem Glück Deutsch sprechenden Ober verhandelte und ein größerer Lire-Schein den Besitzer wechselte.
»Ab morgen«, wisperte er mir diesmal beim Abgang triumphierend zu, »haben wir auch einen Fenstertisch, Herr Merkel.« Ich freute mich mit ihm.
Doch am nächsten Tag beim Frühstück saßen Graubergers noch immer in der Nische. Pech! Der Ober, der offenbar für ein gutes Trinkgeld bereit gewesen war, die Positions-Wünsche der Familie zu erfüllen, hatte heute seinen freien Tag.
Aber in der Reihenordnung der Liegestühle punktete Grauberger. Der Strandwärter bot für Geld auch Leistung: Graubergers durften – es war wie beim »Mensch ärgere dich nicht«-Spiel – gleich drei Reihen vorrücken.
Dafür gab es kurz vor dem Mittagessen noch lautstarken Knatsch wegen des Haus-Segelbootes, mit dem die Familie Grauberger nachmittags in See stechen wollte. Es war für diesen Tag leider schon ausgebucht. Ein Umstand, der Herrn Grauberger um ein Haar auf eine der Hotel-Palmen getrieben hätte, wäre ihm nicht glücklicherweise vorher eingefallen, als Alternative am späten Nachmittag ein Tennismatch ins Auge zu fassen. Doch gerade für diese Zeit waren bedauerlicherweise die drei vorhandenen Plätze bereits vorbestellt.
Besorgt beobachtete ich Graubergers nervlichen Zusammenbruch angesichts dieses neuen, schweren Schicksalsschlages. Blässe überzog sein ansonsten schon sonnengerötetes Gesicht, seine Stimme versagte ihm fast den Dienst, als er sich hilfesuchend mir zuwandte, stammelnd

hervorstieß: »Herr Merkel, muß ich mir denn das gefallen lassen...?«

»Keineswegs, nicht für 150000 Lire am Tag, pro Person«, richtete ich ihn wieder auf. »Aber vielleicht sollten Sie Ihre sportlichen Aktivitäten auf morgen verschieben, da ist ja auch noch ein Urlaubstag.«

Aber dieser Grauberger war ein Kämpfertyp, da unterschätzte ich ihn gründlich.

Zwei Tage später hatte die Familie bereits einen Mitteltisch im Restaurant erobert, drei Tage danach trennte sie nur noch eine Tischreihe vom begehrten Fensterplatz, auch am Strand rückten Graubergers unaufhaltsam Reihe um Reihe vor. Anfang der zweiten Woche saßen sie tatsächlich in der ersten Liegestuhl-Reihe.

Dann gab es allerdings einen unvorhersehbaren Rückschlag. Weil das Hotel jetzt vollbelegt war, stellte man zur Fassungslosigkeit Herrn Graubergers eine weitere Liegestuhl-Reihe vor seinen frischeroberten Plätzen auf, versperrte ihm wiederum die ungestörte Sicht auf Gischt und Wellen. Doch als er mir diesmal mit metallischer Stimme zurief: »Herr Merkel, glauben Sie nicht, daß ich mir das gefallen lasse...«, da wußte ich schon, das waren keine leeren Worte.

Machen wir es kurz. Am Ende der zweiten Urlaubswoche saßen Graubergers beim Frühstück, Mittag- und Abendessen an dem besten Fenstertisch, am Strand in der allerersten Liegestuhl-Reihe, das Segelboot war von Graubergers für den frühen Nachmittag voll ausgebucht, zwei Tennisplätze standen spätnachmittags zur ausschließlichen Verfügung der Familie, Graubergers beherrschten die Szene.

Mit größtem Erstaunen vernahm ich daher die Kunde vom vorzeitigen Abbruch ihres Urlaubes.
»Was ist los? Was paßt Ihnen jetzt schon wieder nicht, Herr Grauberger, wo doch alle ihre Wünsche erfüllt sind?« wollte ich es geradeheraus wissen.
»Das ist es ja, Herr Merkel«, seufzte er, »es gibt nichts mehr für mich zu tun. Nur faul in der Sonne liegen, das bißchen Segeln, Surfen, Tennisklopfen, das bringt mir nichts, und wenn ich neue Aktivitäten entfalten will, vielleicht 'ne Radtour in die umliegenden Städte, sagt meine Frau: ›Egon, du bist eine Betriebsnudel.‹ Deshalb packen wir die Koffer, denn glauben Sie nicht, Herr Merkel, daß ich mir das von meiner Frau gefallen lasse ...«
»Ich verstehe schon, Herr Grauberger«, stoppte ich seinen schon wieder erregt werdenden Redefluß, »Sie finden in diesem Urlaub nichts mehr, worüber Sie sich ärgern können, außer über Ihre Frau, und das können Sie zu Hause auch und sparen 150 000 Lire am Tag, pro Person.«

Man muß auch gewinnen können

Meine heile Ehewelt drohte am Tennis zu zerbrechen. Es begann an dem Tag, als Marion mit stolzgeschwelltem Busen von einem Damen-Doppel nach Hause kam und mir lakonisch verkündete: »Max, ich spiele in der ersten Mannschaft mit. Man hat mich gebeten.«
»Was ist denn jetzt los? Ich kenne doch deine Spielstärke, hat eine Grippewelle die anderen Damen dahingerafft?« stammelte ich verblüfft.
Marion würdigte mich keines weiteren Wortes, sondern griff sich ein Tennis-Lehrbuch aus dem Regal, das erste von vielen, und begann sich darin zu vertiefen... Sie versank, wie die Titanic, von der Spitze des Eisberges gestreift, ab dieser Stunde rettungslos und unansprechbar im Studium der Geheimnisse des weißen Sports.
Der Morgen graute kaum, da sprang Marion, entgegen ihrem Naturell, mit beiden Beinen aus dem Ehebett und begann den Tag mit einem, wie sie behauptete, erfrischenden Lauf durch die Wälder von Putzbrunn. Anschließend gab es ein Bio-Frühstück. Es zeichnete sich durch erstaunliche Geschmacklosigkeit aus, verlieh aber durch seinen Säuremangel den Gelenken angeblich die notwendige Ge-

schmeidigkeit, um auch einen Dreisatz-Kampf federnd durchzustehen.

Kaum hatte sich Maxi, verärgert nach einem kräftigenden Ham and Eggs maulend, zur Schule verabschiedet, begann Marion eine Aerobic-Videokassette einzuschieben und wirbelte die nächste halbe Stunde die Milben unseres Wohnzimmer-Teppichs durch den Raum.

Leicht atemlos und konditionell schon etwas angeschlagen, ging sie anschließend zur Theorie über.

Innerhalb einer Woche türmte sich ein Stapel von Tennis-Fachbüchern auf unserem Eßtisch. Unsere Gespräche drehten sich nur noch um richtige Fußstellung, Timing, Taktik, mentales Training.

Als Marion begann, auch den Mittagstisch radikal ihren frischgewonnenen Erkenntnissen über die richtige Ernährung eines Tennis-Profis anzupassen, und nur noch Spaghetti auf den Teller kamen, bis sie sich mir schon bei den Ohren herausfädelten, erfaßte mich mein erster Anfall leichter Erregung.

Ich entsann mich eines länger zurückliegenden Ereignisses in unserem Klub. Die Miene eines jungen, hochtalentierten Tenniskollegen, sonst ein Bild des Frohsinns, verdüsterte sich von Woche zu Woche. Sein Spiel wurde unkonzentriert, er verschlug sinnlos Bälle, rückte die Rangliste abwärts. Wir vermieden taktvoll, ihn über den Grund seiner Formkrise zu befragen. Bis er eines Tages strahlend, mit gewohntem Frohmut auf dem Platz erschien und seine Gegner wieder das Fürchten lehrte.

»Was war denn die letzte Zeit über los mit dir?« wollten wir nun endlich wissen.

»Jetzt kann ich es euch ja sagen«, lächelte er locker. »Meine Verlobte fühlte sich vernachlässigt, ich trainierte ihr zuviel, kümmerte mich zuwenig um ihre Probleme, bis sie mich zuletzt vor die Wahl stellte: ›Du mußt dich entscheiden, dein Sport oder ich!‹«
»Na und?« fieberten wir seiner Antwort entgegen.
»Nach reiflicher Überlegung«, erklärte er uns, »habe ich mich für Tennis entschieden.«
Der Mann verstand es, Probleme zu lösen. Wie Alexander der Große durchschlug er den gordischen Knoten seiner Verstrickung.
Auch Marion begann mich sichtlich zu vernachlässigen, interessierte sich nicht einmal mehr andeutungsweise für Fußball, ja nicht einmal für den Seelenschmerz der Frauen der Bundesligakicker, die ich mir wegen ihrer Schnelligkeit beim Kassieren, die in umgekehrtem Verhältnis zu ihrer Lahmarschigkeit auf dem Platz stand, in meinen Kommentaren zur Brust nahm. Selbst im Schlafzimmer entzog sie sich ihren ehelichen Pflichten: »Nicht, Max, du weißt doch, morgen ist Mannschaftstraining!«
Sollte auch ich sie vor die Wahl stellen: Tennis oder Max? Doch die Geschichte unseres jungen Klubkollegen hatte mich gelehrt, daß man mit so einem Ultimatum ein nicht zu unterschätzendes Risiko eingeht.
Zwar verlockte mich auf den ersten Blick die Aussicht, bei einer negativen Entscheidung Marions wieder als freischaffender Single durchs Liebesleben toben zu können. Doch dann dachte ich an mein in unzähligen brutalen Abwehrschlachten auf dem grünen Rasen lädiertes Kreuz. Wie lange würde es den Belastungen heißer Sex-Nächte

standhalten? Woher in meinen doch reiferen Jahren die Kraft nehmen, die jeweilige Dame um vier Uhr früh nach Hause zu kutschieren? Ja, selbst die Vorstellung eines Taxirufes ließ mir die Gänsehaut aufziehen. Wie lange braucht es normalerweise in München, bis der Taxifahrer wirklich kommt? In der Zeit könnte bei meiner Herzdame bereits neues Begehren erwachen ...

Genug, ich beschloß, um jedes Risiko auszuschließen, Marion erst gar nicht vor die Wahl zu stellen. Ewig würde ihre Tenniseuphorie wohl nicht dauern. »Max«, sagte ich mir, »da mußt du durch.«

Unglücklicherweise fiel Marion, die nun zweimal wöchentlich zum Mannschaftstraining mußte, auch noch ein, daß ihr Ehemann doch ein ziemlich erfolgreicher Trainer gewesen war. »Max, ob Fußball oder Tennis, Ball ist Ball«, ließ sie keinen Einwand gelten. Stundenlang mußte ich ihr die Bälle zuspielen, Vor- und Rückhand, Cross und Longline, Stops, damit sie rechtzeitig starten, Lobs, damit sie Schmetterbälle üben konnte, durfte ihre Stellung korrigieren und mich rügen lassen, wenn ich ihr die Filzkugel nicht wunschgerecht vor den Schläger setzte.

Der Beginn der Mannschaftsspiele vergrößerte noch mein Defizit an ehelicher Zuwendung. Dafür verbrauchte Marion jede Menge Streicheleinheiten. Nachts stieß sie mir den Ellbogen in den Rücken, konfrontierte mich, wenn ich schlaftrunken hochfuhr, mit der wichtigen Frage: »Max, spiele ich meinen Rückhandslice nicht doch zu wenig durchgezogen?«

Da wußte ich natürlich als ehemaliger Meistermacher,

daß hier nur positive Kritik am Platz war. »Nicht einmal Steffi Graf«, versicherte ich ihr, »zieht besser durch als du«, setzte jedoch schnell auch Negatives hinzu, um den Wahrheitsgehalt meiner ersten Bemerkung geschickt zu untermauern: »Obwohl sie dir natürlich in der Beinarbeit noch etwas überlegen ist.«

Wohlig seufzend, entschlummerte Marion dann zumeist, schlief streckenweise allerdings unruhig. Meine blauen Flecken konnte ich kaum mehr zählen, die sie mir, wild um sich schlagend, mit ihren offensichtlich auch im Schlaf geübten »Traumbällen« zufügte.

Den Wettkämpfen mußte ich natürlich beiwohnen. Auch hier stand mir ein hartes Los bevor, wie ich bereits aus Erfahrung wußte:

Nahm ich an ihrem Match mit Gesten Anteil, hieß es: »Max, mit deiner ewigen Fuchtelei bringst du mich total aus dem Konzept.«

Blieb ich regungslos, ärgerte sie sich: »Dir ist es ja sichtlich Wurst, ob ich gewinne oder verliere. Da baut sich einem doch alles ab!«

Wagte ich anzudeuten, daß ein von ihr umstrittener Ball klar im Out gelandet war, riskierte ich, ihr Racket an den Kopf geworfen zu bekommen. Auch wenn die Damen in der Hitze des Gefechtes den Überblick verloren – was häufig vorkam –, keine Ahnung mehr hatten, wie eigentlich der Spielstand war, und ich hilfreich einspringen wollte, erntete ich nur Undank und Hohn über mein an Schwachsinn grenzendes Zählvermögen.

Daher kümmerte ich mich nicht mehr um den Stand der Dinge, registrierte aber dennoch, ob Marion im Vor- oder

Nachteil lag. Schritt sie energisch erhobenen Hauptes in Stellung, hatte sie das Spiel gemacht, schlich sie mit schleppendem Schritt und hängenden Schultern zum nächsten Game, war ihr das Glück nicht hold gewesen.

Was soll's, auch dieser Kelch ging an mir vorüber.

Die Stimmung in unserem Haus verbesserte sich von Woche zu Woche, denn unfaßbarerweise gewann Marion Match auf Match, blieb bis zum Ende der Runde ungeschlagen und stieg mit ihrer Damenriege unerwartet in die höhere Klasse auf.

Im Jubel der Siegesfeier, bei Sekt aus dem Siegerpokal, bedrückte mich dennoch das Gefühl: »Was wird nur jetzt aus meinem Weib?«

Im Geiste sah ich Marion bereits die Leiter einer steilen Profi-Karriere hinaufklettern. Fern von Putzbrunn würde sie die Welt umkreisen, ein Open in Australien, ein Grand-Slam-Turnier in Forest Hill, in New York.

Sollte mich das Schicksal wirklich in die Rolle eines Prinzgemahls und ewigen Strohwitwers drängen? Wer würde sich um Maxi, den Hund und vor allem um mich kümmern?

Doch schon in der Nacht nach Marions letztem Siegestag lösten sich meine Sorgen in Lust und Wonne auf.

Am Morgen danach schlief Marion wieder, wie früher, länger, auch in den darauffolgenden Tagen. Kein Morgenlauf mehr, kein Aerobic, kein Training, keine Tennisbücher. Als es auch wieder Ham and Eggs zum Frühstück gab, Fleisch und Gemüse auf dem Mittagstisch, fragte ich verwundert: »Wird das nicht bei den nächsten Wettkämpfen deiner Form schaden, Marion?«

»Das ist gelaufen, Max«, erklärte sie mir, »ab jetzt spiel' ich nur noch zu meinem Vergnügen Tennis.«
»Aber du hast doch alle deine Spiele gewonnen?« wunderte ich mich.
»Gerade deshalb«, erklärte sie mir. »Warum soll ich das Risiko künftiger Niederlagen eingehen?«
»Marion, man muß auch verlieren können«, übte ich Kritik.
»Warum muß ich das, Max?« konterte sie mit typisch weiblicher Logik. »Du kennst doch das alte Wienerlied: ›Aufhören, wenn's am Schönsten ist‹, außerdem muß ich mich endlich wieder um Maxi, den Hund und um dich kümmern.«
»Marion, ein gewisses Maß an Intelligenz«, stellte ich sogleich freudig fest, »ist auch euch Frauen nicht abzusprechen.«

Gebt mir meine Millionen wieder

»Marion, wo das Glücksvogerl einmal hinmacht, macht es immer wieder hin«, monierte ich die Meldungen der Gazetten, daß meinem BILD-Ex-Kollegen, Weltmeister Franz Beckenbauer, das Management der WM '94 in den USA übertragen werden soll. »Da werden auf das kaiserliche Bankkonto wieder ein paar Millionen niederregnen.«
»Paps, warum tröpfeln eigentlich nicht auch mal ein paar Millionen auf unser Konto?« ärgerte mich meine Tochter. »Schließlich bist du doch auch im Fußballgeschäft.«
Einmal nur möchte ich von Maxi eine positive Bemerkung über ihren Vater hören. »In meiner Ära als Meistermacher«, belehrte ich sie, »seufzte sogar der damalige deutsche Bundeskanzler in aller Öffentlichkeit: ›Soviel Geld wie der Max Merkel möchte ich auch mal verdienen.‹«
»Und wo sind all die Moneten geblieben, Paps? Warum mußt du heute so knausrig mit meinem Taschengeld sein?« strapazierte Maxi meinen Langmut weiter. »Meine Freundin Niki kriegt das Doppelte.«
»Sie hat auch ein doppelt so gutes Zeugnis wie du, was bei deinen Zensuren übrigens keine besondere Kunst ist«, fuhr ich ihr über den Mund.

»Der Apfel fällt nicht weit vom Stamm«, riskierte sie eine körperliche Zurechtweisung. Doch ich beherrschte mich.
»Woher hat das Gör bloß die große Klappe?« fragte ich anklagend meine Frau. »Dreimal darfst du raten, Max«, beendete sie den Disput zwischen Vater und Kind.
An dieser Stelle will ich verraten, warum sich das Finanzamt trotz meines in gewissen Abschnitten meines Lebens tatsächlich überquellenden Bankkontos bei der Erbschaftssteuer keine Feder an den Hut wird stecken können.
Es ist einfach so: Schwimmt man in Geld, wird man umschwärmt, von Frauen, Freunden, Fans. Das kostet zwar auch Bares, aber es bringt einen finanziell nicht um. Das tun die Schmeißfliegen, die sich auf dich setzen. Nicht jeder hat das Glück von Beckenbauer, einen Schwan zu finden, der ihm als Manager sein Schäfchen ins Trockene zieht.
Zumeist gerät man an die Sorte geschäftlicher Berater, die es »gut mit dir meinen«, dich uneigennützig noch reicher machen wollen, bis sie zuletzt dein ganzes Geld haben und ein anderer Vogel sich auf dir niederzulassen droht, nämlich der Kuckuck des Gerichtsvollziehers!
Als Geschäftsfreund Nummer eins in meinem Leben legte mich ein Münchner Textil-Händler aufs Kreuz. Damals domizilierte ich mit Weib und Kind in Spanien, war im Begriff, die Kicker von Atlético Madrid zum spanischen Meister hochzupeitschen.
Bei einem Kurzurlaub am Starnberger See ging ich dem Typ ins Garn. »Max, ich habe in bester City-Lage ein Verkaufslokal an der Hand. Du verdienst doch mehr, als du

zum Leben brauchst. Was soll der Zaster auf der Bank? Geld muß rollen, wir machen halbe-halbe, ich besorge Qualitätsstoffe zu billigsten Preisen. Dein Name wird die Kunden in Scharen anlocken...«, hielt er mir die Erfolgschancen vor Augen wie der Torero dem Stier das rote Tuch, bevor er ihm den Fangstoß gibt. Und blind wie der Bulle in der Arena galoppierte ich in mein finanzielles Verderben.

»Als Fußball-Trainer sitzt man auf einem Schleudersitz«, erklärte ich abends meiner Frau. »Du wachst morgens auf, denkst an nichts Böses, da klingelt das Telefon, der Vereinskassier ist am Apparat und warnt dich fürsorglich: ›Herr Merkel, am Ersten ist für Sie der Letzte, es gibt kein Geld mehr.‹ Das heißt, du bist gefeuert!«

Leider gelang es mir, Marion davon zu überzeugen, daß wir zur Absicherung unserer Existenz dringend ein zweites Bein benötigten.

Also nahm das Unheil seinen Lauf. Meine Ersparnisse wanderten in die Geschäftskasse, für das Geld wurden Stoffe gekauft. Die Stoffe lagen, gewissenhaft vermessen, in den Regalen und warteten auf Käufer, die nicht kamen.

Mir kam das naturgemäß bald spanisch vor.

Wieder nach München heimgekehrt – über sportliche Erfolge konnte ich nicht klagen, war ich doch tatsächlich Meister, dazu auch noch Pokalsieger im Lande der Caballeros geworden –, riskierte ich an der Isar einen Blick in die Geschäftskasse meines Unternehmens. Da saß ein kleiner Mann drin und zeigte mir die lange Nase.

»Wissen Sie, Herr Merkel«, belehrten mich gutmeinende Fans, »in Ihrem Laden sind die Stoffe bald doppelt so teuer

wie die gleiche Ware im Kaufhaus um die Ecke.« Bald wußte ich was los war:
Mein Partner hatte nicht halbe-halbe, sondern für sich selber ganze Gewinne gemacht, die Stoffe zuerst auf eigene Rechnung für sein Textil-Kettenunternehmen ein- und danach mit saftigem Aufschlag an unser gemeinsames Geschäft weiterverkauft. Dort lag die überteuerte Ware als Ladenhüter bleischwer in den Regalen. Die Registrierkasse rostete still vor sich hin, während die Unkosten sich von Monat zu Monat zu immer mehrstelligeren Beträgen summierten.
Mit Mühe vermied ich bei der endgültigen Auseinandersetzung mit meinem wohlmeinenden Geschäftsfreund eine Vorstrafe wegen Körperverletzung, beschränkte mich auf mörderisches Gebrüll und erreichte immerhin, daß ich zuletzt mit zwei blauen Augen, aber noch nicht am Bettelstab aus der Pleite stieg.
Doch schon war ich auf dem besten Weg, mir die nächsten geschäftlichen Beulen zu holen. Diesmal belastete ich mich auf die honigsüßen Tiraden eines provisionshungrigen Agenten hin mit einem Kaffeehaus.
»Einen aromatischen Mokka trinken die Leute doch immer! Was kann da schon schiefgehen, Marion?« wischte ich die Proteste meiner Frau optimistisch vom Tisch.
Der Einstieg in die Gastronomie belehrte mich jedoch rasch darüber, wie leicht überhöhte Personalkosten jeden Gewinn verhindern können.
»Verdienen können Sie in der Branche nur, wenn Ihre Frau hinter der Theke die Kaffeebohnen und die Zuckerstücke abzählt und Sie selbst den Mokka servieren und vor allem

kassieren«, riet mir mein damaliger Steuerberater, kniff ein Auge zu und gab mir noch den entscheidenden Tip: »Dann kann Sie auch das Finanzamt…, Sie verstehen, Herr Merkel?«

Ich verstand. Da ich mir jedoch einerseits meine Frau nicht beim Kaffeebohnenzählen vorstellen konnte, andererseits sich auch das Lustgefühl, meinem zuständigen Finanzbeamten heimlich das Götzzitat sagen zu können, wenn ich fünf Capuccinos am Tag irrtümlicherweise ohne Kassenbon verscherbelte, in Grenzen hielt, warf ich den Hut auf die Gastronomie, ich verkaufte.

Jetzt, da mir auch dieses Unternehmen zwar ein kräftiges Loch in die Tasche gerissen, mich aber noch nicht völlig von Bargeld entblößt hatte, lag es auf der Hand, daß es an der Zeit war, endlich ein Geschäft zu finden, in dem man richtig Kohle machen konnte, um die bisherigen Verluste auszugleichen und danach satte Gewinne einzufahren.

Der Bau-Boom bot sich geradezu dafür an. Mit Engelszungen und dem Versprechen todsicherer Gewinne lockte ein guter Freund und Berater mir meine vorletzten Kröten vom Sparbuch weg: zur Investition in Baumaschinen.

Diesem Typ laufe ich heute noch mit teuren Rechtsanwälten um mein Geld nach! Keine müde Mark war aus der Pleite zu retten.

Versucht habe ich mich, auf Anraten eines anderen Menschen, der damals noch mein Freund war, auch als Börsenspekulant. Dafür besaß ich einen sechsten Sinn.

»Wann immer du in eine Aktie einsteigst, Max«, bewun-

derte mich meine Frau, »gerät ihr Kurs kurz danach in Bewegung – leider immer nach unten bis zum freien Fall ins Bodenlose.«

Am Kauf von Eigentumswohnungen nach dem Bauherrenmodell, bei dem einige prominente Bundesligaprofis die Hosen verloren, konnte ich mich gerade noch vorüberschwindeln. Voll ins Näpfchen trat ich allerdings mit meinem vielversprechendsten Geschäftsprojekt. Hier überbot sich der mich selbstlos beratende Vermittler an euphorischen Prophezeiungen: »Von dem Geschäft selber muß man nicht viel verstehen, das bringt ein Maximum von Profit mit einem Minimum an Arbeit.«

Wieder ließ ich mich überreden und hörte nicht auf die Kassandrarufe meiner mich schon als Sozialfall sehenden Ehefrau. »Max, hast du eigentlich darüber nachgedacht, warum sich der Besitzer dieser von selber sprudelnden Quelle des Reichtums eigentlich davon trennen will? Schuster, bleib bei deinem Leisten«, riet sie mir. »Das reicht allemal auch in Zukunft für die Butter aufs Brot.«

»Aber nicht für den Kaviar«, konterte ich. »Einmal im Leben muß man auch an die große Schüssel kommen, mal richtig zulangen, absahnen.«

Alle verbliebene gesammelte Kohle aus meinem streßgeplagten, aber immerhin erfolgreichen Trainer-Leben steckte ich hoffnungsfroh in einen Tabak-Großhandel mit einigen hundert Zigarettenautomaten.

Was hatte man mir erzählt? Wenig Arbeit, viel Profit? Genau umgekehrt paßte der Spruch wie die Mutter auf die Schraube. Vor jedem Automaten hätte ich einen Gorilla aufstellen müssen, damit er nicht aufgebrochen und ausge-

raubt wird, aber dann wären vermutlich auch die Kunden ausgeblieben. Mit Seilwinden wurden die Kästen aus der Verankerung in der Mauer gerissen, einer sogar einmal gesprengt.
Wie leicht wäre doch das Bohnenzählen im Kaffeehaus gegen das Aussortieren des Falschgelds gewesen! Pausenlos gingen Apparate auch ohne Fremdeinwirkung kaputt. Der Verdienst? Ein Groschengeschäft. »Wir haben die Existenzsicherung für eine Kompanie Mechaniker eingekauft«, klagte ich meiner Frau.
Das schönste an diesem Unternehmen war das Glücksgefühl, als ich es wieder verkaufen konnte. An einen beinharten Profi-Kaufmann, der den Standpunkt vertrat: »Mit viel Arbeit ist in jeder Branche Kasse zu machen, Herr Merkel. Aber mit Zigaretten, da haben Sie sich schon ein besonders schweres Geschäft ausgesucht«, tröstete er mich.
»Hören Sie«, kribbelte es bei mir schon wieder, »wenn Sie zufällig ein leichtes wissen, wo man an die volle Schüssel...« Drei Tage lang tat mir das Schienbein weh von dem Tritt, den mir meine Frau unter dem Tisch versetzte.
»Nur deshalb, weil deiner Mutter der Blick fürs Große versagt ist, sind wir heute keine Millionäre«, erklärte ich kürzlich meiner Tochter Maxi beim Abendessen, hielt mir aber vorsichtshalber schnell unterm Tisch ein Kissen vor die Beine.

Maxis Geburtstagsgeschenk

»Wo ist die Zeit, da ich Maxi abends noch auf den Schultern die Treppe hoch in ihr Bettchen getragen habe?« fragte ich meine Frau nicht ohne Bitterkeit. Seit sich unsere Tochter zum Teenager ausgewachsen hat, erinnert mich nur noch ihr Foto auf meinem Schreibtisch daran, wie sie aussieht.

»Mein Gott, Max, ärgere dich doch nicht. So geht's eben im Leben. Unsere Maxi ist flügge geworden«, antwortete meine Frau.

»Und wohin, Marion, fliegt sie Abend für Abend?« wollte ich als besorgter Vater wissen.

»Zur Zeit heißt er Faruk«, klärte mich meine Frau trocken auf.

»Faaaruk!!??« brach es aus mir heraus. »Du willst doch damit nicht andeuten, daß meine Tochter bereits ein Verhältnis hat? Noch dazu mit einem Individuum, das offenbar nicht aus unserem Kulturkreis stammt?« umschrieb ich, mich mühsam bezähmend, meine wahren Gedanken.

»Max, erstens, Maxi hat kein Verhältnis, sie ›geht‹ mit ihm. Zweitens, du bist doch kein Rassist!?« wies mich Marion zurecht.

»Da sei Schönhuber vor«, lenkte ich ein. »Dennoch wäre es

mir lieber, der Junge, mit dem meine Tochter herumflaniert, käme aus dem Umfeld von Putzbrunn.«

»Faruk ist ein waschechter Münchner, bloß seine Mutter ist in Albanien geboren, sie gab ihm den Vornamen seines Großvaters«, klärte sie mich auf. »Übrigens, mache ich dir einen Vorwurf aus deiner Abstammung? Schließlich sagte schon Metternich, ›Asien beginnt in Wien an der Landstraße‹.«

Ich diskutiere nicht mit meiner Frau. Es bringt nichts.

»Was ist er, was hat er, dieser bayerische Faruk?« wurde ich sachlich.

»Er ist 18 und lernt Autoelektriker«, beschied mich meine Frau. »Ein reizender Junge!«

Wieder bezähmte ich mich nur mühsam, behielt meine Gedanken bei mir. Meine Tochter! Habe ich sie ins Gymnasium geschickt, damit sie mit einem Elektriker aus Albanien …?

Zum Glück mußte ich zu Fußball-Terminen – nach Dresden, Leipzig, Ost-Berlin bis Rostock. Eine Woche war ich unterwegs. Bei der Rückfahrt, in Sachsen, bekam ich Ärger mit meinem Auto. Die Zündung! Die Werkstätten dort waren noch auf Trabbis programmiert, fanden den Fehler nicht. Von Stottern und Aussetzen des Motors gepeinigt, schaffte ich die nächtliche Fahrt heim nach München.

Kurz vor der Stadt bekam ich ein warmes Gefühl diesem Faruk gegenüber. »Ist doch ganz angenehm«, dachte ich, »wenn man einen Autofachmann in der Familie hat. Das spart Geld, Zeit und unnötigen Werkstatt-Ärger.«

Ganz nebenbei bemerkte ich beim Frühstück anderen Morgens: »Marion, da ist doch dieser nette Junge, wie hieß

er doch schnell, der mit Maxi befreundet ist. Ach ja, Faruk. Könnte der junge Mann nicht ...?«
»Max, mach dir keine Sorgen wegen dem Burschen. Du kannst dich wieder abregen«, unterbrach mich meine Frau, »mit Faruk ist nichts mehr, Maxi geht jetzt mit Horst.«
»Okay«, sagte ich mit gemischten Gefühlen, drohte mir doch dadurch erneut Werkstatt-Ärger, »Horst klingt wenigstens etwas bodenständiger. Was ist er, was hat er?«
»Erschrick nicht Max, wenn du ihm einmal begegnest«, warnte mich Marion. »Er ist ein netter Junge, und Maxi ist total verknallt in ihn, aber er ist, na ja, glatzköpfig.«
»Ein Skin-Head!!???« fuhr ich hoch, »einer von den blutrünstigen Radaubrüdern, die, als Fußballfans verkleidet, Stinkbomben in die Stadien werfen, nach einem verlorenen Match Juden und Türken abschlachten wollen?«
»Max, das sind doch Vorurteile. Du weißt doch selbst, die Rowdies, das sind ein paar Kriminelle, die Typen gibt's leider überall. Horst ist erst siebzehn, in dem Alter ..., überdies stammt er aus einer wohlhabenden Familie!«
Ich hörte kaum hin, versank in tiefe Melancholie. Mir, Max Merkel, mußte das passieren. Meine Tochter und so ein glatzköpfiger Vandale ... habe ich sie deshalb aufs Gymnasium geschickt, daß sie jetzt Stinkbomben ...??!!
Durch Zufall lernte ich Horst kennen, wie er gerade Maxis Fahrrad vor unserer Garage reparierte. Auf seiner Glatze sprießen schon wieder Haare, offensichtlich war seine Skinhead-Welle im Abklingen: »Grüß Gott, Herr Merkel«, begrüßte er mich höflich. »Sie haben doch nichts dagegen, daß ich das Rad Ihrer Tochter ...?«

Wie sollte ich, das sparte Werkstatt-Ärger und Kosten. Da fiel mir ein, was sagte Marion über seine Eltern? Wohlhabend? Nun ja, man leidet keinen Hunger, aber ein zukünftiger Millionen-Erbe in der Familie konnte im Grunde nicht schaden.

»Ein reizender Bursche, dieser Horst, Marion«, erwähnte ich einige Tage später meiner Frau gegenüber, »tadellose Manieren. Sagtest du nicht, er wäre aus reichem Hause?«

»Ich muß dich enttäuschen, Max«, teilte sie mir mit, »Maxis heutiger heißt Bruno. Er ist Fußballer, will Profi werden.«

»Das schlägt dem Faß den Boden aus«, brüllte ich. »Ein Fußballer kommt mir nie ins Haus! Marion, du weißt doch, was das für Typen sind, lauffaul, geldgierig, nichts als die nächste Prämie im Kopf, habe ich unsere Tochter aufs Gymnasium geschickt...«

»Wie soll *ich* das nicht wissen«, sagte sie, sah mich dabei so komisch an.

»Tja, sicher, auch ich war Profi-Fußballer, aber du sagst doch selbst, man darf nichts über einen Kamm scheren«, schwächte ich mein Urteil ab. Dann ging ich rasch meine Koffer packen. Zum Glück mußte ich dringend nach Hamburg.

Auf dem Rückflug ging mir die Angelegenheit nochmals durch den Kopf. Ein Fußball-Profi in der Familie? Hhmm, das könnte mir neuen Glanz verleihen, der Junge könnte als mein Schwiegersohn den Namen seiner Frau annehmen. Im Geiste sah ich schon den neuen deutschen Bundesliga-, was heißt Bundesliga-, Welt-Star Bruno Merkel...! Was könnte ich dem Jungen für Ratschläge geben,

und schließlich, die liebe ›Marie‹. Zu meiner Kickerzeit war für einen Profi höchstens ein Wurstbrot drin, aber heutzutage!
Ich beschloß mit Franz Beckenbauer zu reden, oder besser mit dem Uli Hoeneß, noch besser mit beiden, mit ihrer Hilfe und meiner Feder, ich würde den Burschen schon hochloben ...
Doch zu Hause erwartete mich schon wieder eine Enttäuschung. Bruno war ›out‹, ein gewisser Markus ›in‹. Ich gab es auf, wieder Fragen zu stellen, kapitulierte.
Aber bei nächster Gelegenheit nahm ich mir meine Tochter vor, sprach zu ihr als verantwortungsbewußter Vater, erklärte ihr, wie wichtig der Mann im Leben einer Frau ist, wie sehr man sich in Männern täuschen kann, wie sorgenvoll ich daher ihrer Wahl gegenüberstand, schließlich sei sie mein ein und alles, und hätte ich sie deshalb aufs Gymnasium geschickt ...
Maxi lauschte ergriffen. Zuletzt gab sie mir einen beruhigenden Kuß auf die Wange. »Sorge dich nicht, Paps«, sagte sie, »ich bin kein Kind mehr.«
»Gerade deswegen«, erklärte ich ihr, »mache ich mir ja Sorgen.«
Die Woche drauf hatte ich Geburtstag. Es gab Kaffee, Kuchen, Geschenke, auch von Maxi. Gerührt löste ich die blaue Schleife von der Schachtel, öffnete sie, blickte entgeistert auf den Inhalt. Eine bunte Masse: Plastilin.
»Und daraus, lieber Papi«, flötete meine Tochter mit unschuldsvollem Augenaufschlag, »kannst du dir deinen künftigen Schwiegersohn jetzt so kneten, wie du ihn haben willst.«

Red' doch du, Marion

Geliebte könnte ich mir keine leisten, selbst wenn ich das wollte, was klarerweise nicht der Fall ist. Zumindest der Telefonkontakt wäre schwierig, denn wer mich anruft, hat keine Geheimnisse vor meiner Frau. Marion wohnt zumeist den Gesprächen über die Mithöranlage bei. Das ist geschäftlich gesehen gut, weil sie mich beraten kann. Sagte doch schon Wilhelm Busch: »Ein großer Geist ist nicht so hilflos wie ein kleiner.«

Doch von der Qualität meiner Nerven her gesehen, steuert diese Tatsache unaufhaltsam auf eine Katastrophe zu. Selbst die harmlosesten Telefonplaudereien eskalieren zu tobsuchtsfördernden Mißverständnissen.

So ruft mich zum Beispiel mein Co-Autor an: »Max, das Treffen morgen vormittag in Bernau, geht das okay?«

»Christiano, wie geht's? Was ist los? Ich versteh' kein Wort, weil der Hund bellt. Marion, jetzt beruhige doch das Vieh endlich. Also, was ist …?«

»Das Treffen morgen in dem Café in Bernau, ist das …?«

»Moment, Christiano. Was soll ich, Marion? Erst übermorgen? Aber übermorgen flieg' ich doch nach Hamburg … Christiano, bist du noch dran? Also das morgen geht schon in Ordnung, was ist schon wieder, Marion?! Warum geht das morgen nicht ..., aber der Klempner kann doch auch ohne mich, soll halt die Maxi dir helfen, den Kühlschrank ..., wieso geht das nicht, sie ist zu schwach? Das letztemal hat sie ihrem Freund eine aufgedrückt, da war von Schwäche keine Spur, also gut, hör zu, Christiano, kannst nicht gleich nach München kommen, die paar Kilometer ... Augenblick, was sagst du, Marion, es sind genau 78 Kilometer? Das weiß er doch selber ... was ist morgen, Urlauber-Stoßverkehr? Also was ist jetzt, soll er nach München oder ich nach Bernau, also zum Teufel, dann red' doch gleich selber mit ihm ... Christiano, bist du noch dran? Warte, ich gebe dir Marion ... jetzt will sie wieder nicht, also Schluß der Debatte, alles klar, wir treffen uns morgen in Bernau ...«

Oder die Redaktion aus Hamburg ruft an: »Herr Merkel, der Herr Chefredakteur läßt sie fragen, ob Sie nicht dem Trainer Müller mal etwas Pfeffer in den Allerwertesten streuen können, weil er erklärte: ›Unser Ziel ist ein guter Mittelplatz‹, statt nach der Meisterkrone zu greifen?«

»Den Pfeffer kriegt er, hatte ich ohnehin schon vor ... Was ist, Marion, den Müller kann ich nicht? Warum kann ich den nicht ... Moment, da oben in Hamburg, bleiben Sie in der Leitung! Natürlich kann ich, Marion, was heißt, wir waren mit ihm so nett Abend essen, er hat meine Rechnung ja nicht bezahlt, was interessiert mich der Seelenzustand seiner Frau? Fragt mich jemand nach meinem seelischen Befinden? Also ich sag' dir, natürlich werde ich dem Saures geben, was gurkt er denn mit seiner Truppe herum, statt sie kräftig in den Hintern zu treten ... Fräulein, noch einen Augenblick, also ich trete den Mann in den Hintern.

Marion, was heißt, nur weil es der Chefredakteur will, weil ich es will! Fräulein, sind Sie noch dran? Also, alles klar, sagen Sie, der Mann kann mich, ich trete ihn voll in den ..., nein, nicht den Chefredakteur, den Trainer Müller natürlich. Marion, was gibt es da zu lachen?«

Unlängst rief mich mein Freund Tobby an, wollte mir die neuesten amourösen Geschichten aus meinem bevorzugten Urlaubsort Oberstaufen erzählen. »Max, hört Marion mit?«

»Ja«, sagte ich. Also versuchte er mir die Neuigkeiten verschlüsselt beizubringen. »Du erinnerst dich doch an den dicken Dampfer vom Schorsch?«

»Ja, ja«, murmelte ich.

»Schorsch hat die Schaluppe gestern nachts in seinen Hafen geschleppt und richtig Dampf abgelassen. Windstärke 12, sag' ich dir. Heute morgen zum Frühstück kam er mit weichen Knien an ..., hast mich?«

»Okay, ich hab' dich«, murmelte ich und beendete vorsichtshalber das Gespräch.

»Was soll der Blödsinn, Max?« fragte Marion. »Warum erzählt dir der Tobby so einen Stuß, er kann doch gleich sagen, daß der wilde Hund von einem Schorsch wiederum seine bedauernswerte Ehefrau mit irgendeiner fetten Schlampe hintergangen hat! Und die weichen Knie hat er mit Recht, denn sie ahnt schon längst, daß der Macho nur nach Oberstaufen fährt, weil er dort ungestört fremdgehen kann.«

Es folgte eine Pause. Man hörte förmlich, wie Marions zugegeben logischer Verstand das eben mitgehörte Gespräch computermäßig verarbeitete.

Dann stellte sie genau die Frage, die ich erwartet hatte: »Max, warum fährst du eigentlich so gern und so oft nach Oberstaufen?«
»Zur Kur, Liebling«, versicherte ich ihr, »nur zur Kur.«
»Und du schleppst dort keine dicken oder dürren Dampfer ab?«
»Ich bin Fußballer und kein Seemann. Außerdem, bei der Diät, Marion, wirst du so kraftlos, da kannst nur noch beten: ›Herr, der du mir das Können genommen hast, nimm mir auch das Wollen‹«, rettete ich mich über die Runden.
Glücklicherweise ist es ab dem frühen Nachmittag ohnehin schwierig, telefonisch zu uns durchzukommen. Denn entweder blockiert Maxi gerade die Leitung im Endlosgespräch mit einer Freundin, die sie seit mindestens zwei Stunden nicht mehr kontaktiert hat, oder eine Freundin hat Maxi unermeßlich wichtige Mitteilungen zu machen über all die unglaublichen Dinge, die sich zwischen Schulschluß und Nachmittagskaffee im Leben eines Teenagers ereignen.
Um den ewigen Telefon-Ärger in den Griff zu kriegen, haben wir uns ein Telekopiergerät zugelegt. Das benützt aber bisher nur Maxi, um mit ihrer besten Freundin, deren Eltern auch so ein Gerät installierten, die Hausaufgaben hin und her zu faxen. Meine Frau steht dem technischen Fortschritt abweisend gegenüber, denn beim Faxen kann man zwar mitlesen, aber nicht dreinreden...

Wem Gott will rechte Gunst erweisen

Herr Merkel, nach Ihrer letzten mich betreffenden Kritik weiß ich endlich, warum Sie eine dunkle Brille tragen. Weil Sie auf beiden Augen blind sind! Wie sonst wäre Ihre gehässige Bemerkung zu verstehen, ich hätte als Rechtsaußen zwei linke Füße?«

Solche Briefe von gekränkten Fußball-Profis muß ich mir schon gefallen lassen, sonst heißt's gleich: Im Austeilen ist der Merkel stark, selber aber hat er ein Glaskinn. Aber was soll ich tun, wenn ich da oben auf der Tribüne sitz' und zusehen muß, wie 22 Anti-Kicker den Ball mißhandeln? Die Fans haben für ihr Geld ein Recht auf ein gutes, spannendes Spiel, sie wollen vor allem Tore sehen. An Maurern können sie sich umsonst an jeder Baustelle delektieren. Wenn ich die geistlosen Spielzüge hochdotierter sogenannter Spitzen-Kicker auf dem grünen Rasen beobachte, finde ich immer wieder meinen alten Ausspruch bestätigt: »Lieber zehn Minuten Maradona als zehn Jahre Pflügler.«

Sicher ist: Wem Gott will rechte Gunst erweisen, den schickt er heutzutage besser nicht als Kolumnist in ein Fußballstadion.

»Manchmal frage ich mich, Marion, warum muß gerade ich die Rute schwingen?« beklage ich mich bei meiner Frau.

»Weil du nicht nur von allen Kommentatoren die größte Klappe dein eigen nennst, sondern es auch schon gar nichts im Fußball gibt, was du nicht an deiner eigenen Haut erfahren hast«, baut sie mich wieder auf.

Dennoch, ein undankbares Geschäft.

Nicht nur Bundesliga-Profis und deren Fans, auch Trainer und natürlich die Vereinspräsidenten sind sauer auf mich, falls ich auch nur ein Haar in ihrer trüben Fußball-Suppe finde. Wenn ich ins Flugzeug steige und zufällig auch Bayern-Trainer Jupp Heynckes drinnen sitzt, beginnt sein Kopf zu glühen wie eine Osram-Birne, schnell schaut er aus dem Fenster, damit er mich nicht grüßen muß. Sein Atem pfeift wie ein Tauchsieder, und Falten ziehen sich über seine sonst so glatte, weil sorgenlose Stirn. Vielleicht habe ich Jupp gekränkt, weil ich einmal schrieb:

»Bei den hochkarätigen Bayern kann ein Trainer alles telefonisch erledigen, den Spielern ist es eh lieber, wenn er ihnen nichts dreinredet, nur den monatlichen Scheck muß er selbst aus dem Postkasten holen und auf die Bank tragen.« Mit der Feststellung dieser Tatsache wollte ich Jupp weder kritisieren noch beleidigen, der Satz hat schon auf Udo Lattek gepaßt.

Wer aber Kritik verdient, muß sich damit abfinden, daß er sie von mir bekommt, brühheiß.

Ob Fast-Meistermacher Otto Rehagel oder die letzte Trainer-Flasche eines Absteigers, von mir kriegen sie, wenn sie ihre Mannschaft zur Bundesliga-Leiche kaputttrainieren, ihr Fett weg, ohne Ansehen der Person, stellvertretend für

die Fußball-Fans, die den ganzen Spektakel letztlich finanzieren. Damit mache ich mich nicht immer beliebt. Meine Kollegen von den Sport-Redaktionen schieben mir dazu noch oft den Ball zu, weil sie sich's mit den Kickern, die sie täglich beim Training oder zum Spiel begleiten, nicht verderben können, sonst schmeißt sie der Trainer aus gesundheitlichen Gründen aus dem Mannschaftsbus und der Platzwart hetzt seinen Hund auf sie.

So bin ich der Watschenmann.

Besonders tief ins Fettnäpfchen trete ich mit meiner alljährlichen Bundesliga-Vorschau. Da sehe ich mir Dutzende Spiele quer durchs Vereinsbeet an, mache Notizen, sitze tage- und nächtelang, grüble: Wer wird diesmal Meister, holt sich die Salatschüssel, wer schafft's in den Europa-Cup, wer bleibt im unteren Mittelfeld hängen, wer steigt ab?

Den Meister zu erraten ist, dank Bayern-Manager Uli Hoeneß' millionenschweren Granaten-Einkäufen, nicht schwer.

Aber bei den vermutlichen Absteigern ziehe ich mir Saison für Saison dicke Schiefer ein.

Meine Journalisten-Kollegen halten sich bedeckt, keiner will den Todesvogel spielen.

Also bleibt der Ärger wieder einmal an mir allein kleben. Denn ich kann es drehen und wenden wie ich will, drei Klubs *muß* ich die Abstiegsbälle verpassen.

Und die Kicker, der Trainer, die Fans und Funktionäre der von mir im voraus begrabenen Vereine wetzen die Messer, wenn im Laufe der Saison Max Merkel zu einem Heimspiel kommt. Einer dieser Klubs, nämlich Bochum, müßte mir

allerdings einen »Bambi« verleihen, weil ich seit Jahren den sicheren Abstieg prophezeie, ohne daß es dazu kommt. Aufgebracht klagte erst kürzlich der Präsident: »Es gibt so Verrückte, die stellen schon vor der Saison Tabellen auf...«

»Sind Sie doch froh, daß ich Sie überhaupt erwähne, damit die Leute, die meine Rubrik lesen, wenigstens über Ihren Klub diskutieren können«, ärgerte ich mich. »Ich bin doch Ihre einzige Chance für den Bundesliga-Verbleib. Wissen Sie, warum Ihre Gurkentruppe nicht schon längst abgestiegen ist? Weil die Herren Kicker Saison für Saison aufs neue beweisen wollen, was für ein blödes Arschloch doch dieser Max Merkel ist.«

Hallo Max!

»Herr Merkel, wir kennen uns, erinnern Sie sich nicht? Mein Vater hat doch mit Ihrem Vater in Wien immer im Kaffeehaus Karten gespielt.«
»Ach ja?« wundere ich mich, und schon bin ich einem ›alten Freund‹ in die Hände gefallen, der mir seine Zechbrüder in dem Lokal, in dem ich hoffte, ungestört meine Sportzeitung lesen zu können, vorstellen muß: »Lauter begeisterte Fans von Ihnen, Herr Merkel, die sich nicht genug an Ihren einmalig witzigen Sprüchen delektieren können!«
Meine Fans sind meist auch Leser meiner Kommentare, haben die Zeitung gekauft, für die ich schreibe, von der ich dafür bezahlt werde, also haben sie ein Recht darauf, auch mal meine Bekanntschaft zu machen. Dann kaufen sie vielleicht noch öfter das Massenblatt, das dann möglicherweise irgendwann endlich genug Zaster in der Kasse hat, um eine satte Scheibe auf meine Honorare draufzulegen.
Also lasse ich mich vorführen, bemühe mich, einmalig witzig zu sein, brilliere mit meinen Sprüchen und beschäme alle jene meiner Kritiker, die hinterhältigerweise, völlig zu Unrecht behaupten, die Kalauer wären so alt, daß nicht einmal ich selber mich mehr an sie erinnern könne.

Manchmal, nicht zu oft, staple ich auch tief. Da kann's passieren, daß jemand mich um ein Autogramm bittet: »Herr Merkel, ich bin ein Verehrer von Ihnen.« Und ich antworte: »Ach, Sie sind das!«
Anflüge von Eitelkeit kann ich nicht abstreiten. Einmal bat mich an einer Tankstelle bei Bochum der Tankwart um ein Autogramm für seinen fußballbegeisterten Sohn: »So hoch wird der Junge vor Freude springen«, zeigte er mir, nachdem er mein signiertes Foto in Empfang genommen hatte, mit der Handfläche die Höhe an. Seitdem lasse ich, wann immer ich in der Gegend bin, mir dort den Tank vollfüllen und von dem Mann zeigen, wie hoch ein Fußballfan für ein Autogramm von Max Merkel springt.
Dann gibt es natürlich zahllose Menschen, die mich auf dem Sportplatz mit Rufen begrüßen: »Hallo, Max, mach weiter so!« Und andere, die sich eigens einen Tribünenplatz über dem Gang zur Ehrenloge kaufen, damit sie auf mich runterpinkeln können, wenn ich mich zu meinem Sitz begebe.
Meine Frau packt mir deshalb nur noch alte, gewendete Sakkos oder Jacken in die Reisetasche, mit Mustern, auf denen Tomaten-, Kakao-, Cola- oder Eierflecken nicht auffallen. Manche brüllen auch: »Merkel, du Sau!« Dann gehe ich, falls die Lage es gestattet, auch mal zu dem Krakeeler hin, baue meine 1,90 Meter und – Gott sei's geklagt – 98 Kilogramm vor ihm auf und frage: »Haben Sie eine Eintrittskarte? Ja, gut, brüllen Sie weiter, aber wehe, Sie haben nicht bezahlt!«
Es ist halt nicht leicht, prominent zu sein.
Jene Leute aber, die mich, wenn ich mit dem Glas in der

Hand abends entspannt an einer Theke stehe, mit einem lautstarken ›Hallo, Max!‹ begrüßen und mir dabei so kräftig auf die Schulter klopfen, daß ich meinen Wein verschütte, liebe ich wie mein Hund seine Flöhe. Fast alle diese Typen haben etwas gemeinsam: Sie sind mir völlig unbekannt, ich habe sie zuvor nie gesehen. Darum murre ich auf ihr ›Hallo, Max!‹: »Für Sie immer noch Herr Merkel.«

Dennoch kommt man ins Gespräch: »Herr Merkel, Sie trinken doch ein Gläschen auf meine Rechnung?«

»Na gut«, sage ich zu, schließlich bin ich kein Unmensch. Dann geht's los: »Dem Jupp Heynckes haben Sie es aber gegeben, Herr Merkel, das war schon lange fällig. Ich an Ihrer Stelle würde auch den Rehagel wieder mal zur Schnecke machen. Wie Sie im letzten Spiel sicherlich gleichfalls beobachtet haben, wechselt der doch immer die falschen Leut' ein ...«

Noch nie ist es mir gelungen, einen Fußballfan kennenzulernen, der nicht mühelos jede Bundesliga-Mannschaft zur Meisterkrone führen, notfalls als Bundestrainer auch Berti Vogts hätte ersetzen können.

Mit der Lupe müßte man die Leute suchen, die zugeben, daß sie von dem Spiel weniger verstehen als die Profis auf dem Rasen. Jeder ist im Grunde ein durch einen jugendlichen Meniskus-Schaden oder eine frühe Ehe mit einer am Kicken desinteressierten Partnerin verhindertes Fußballgenie, andernfalls wäre er ein Franz Beckenbauer geworden.

Braucht man sich, wenn man von einer solchen Heerschar von Experten belehrt und beraten wird wie ich, noch zu

wundern, wenn meine Kommentare meist ins Schwarze treffen?
Einmal allerdings brach der Ring der Millionen Bundestrainer an einer besonders stillen Theke der Bar eines Hotels in Düsseldorf. Ich traf auf einen Menschen, der, nachdem er sich mit einem diskreten Seitenblick vergewissert hatte: »Er ist es!«, mich artig begrüßte: »Schönen Abend, Herr Merkel.«
Bald gerieten wir ins Gespräch, und – o Wunder – der Mann gab zu: »Von Fußball verstehe ich natürlich nicht im entferntesten soviel wie Sie, Herr Merkel. Ich bin nur ein Fan, sehe mir gern die Spiele an, lese mit Begeisterung Ihre Kommentare. Sie treffen wirklich immer den Kern, man kann soviel dabei lernen, ich bewundere Sie.«
Das lief mir runter wie feinstes Olivenöl.
Gern ließ ich mich herab, ihm den Unterschied zwischen spanischer Fußballmentalität, der intuitiven Begeisterungsfähigkeit der Romanen über das pure Spiel mit dem Ball, im Gegensatz zur mehr erfolgsorientierten Geisteshaltung unserer Profikicker zu erklären, die in der Matchpause die Börsenberichte studieren und sich bei jedem Tor, das sie schießen, gleich überlegen, ob sie für die Prämie bei Siemens oder BMW größer einsteigen sollen.
Danach begann ich ihm die Schwierigkeiten zu schildern, die auch meinen Erfolgsweg zum Meistermacher begleiteten. Auf seine schüchterne Frage nach meiner lang zurückliegenden Karriere als Profikicker hin breitete ich meinen Lebensweg vor ihm aus. Längst hatten wir uns in eine Nische zurückgezogen, waren schon bei der dritten Flaschen teuren französischen Weins angelangt. Offen verriet

ich ihm alle Tricks, die ich als Kicker erlernt, als Trainer an meine Spieler weitergegeben hatte.
Als er mit mir auf mich als den besten aller Fußballtrainer anstieß, warf ich dann doch auch die Namen Ernst Happel und Udo Lattek ins Gespräch, wehrte es ihm aber nicht, diese Leute mit einem kräftigen Schluck aus dem Glas ins Glied zurückzuweisen: »Denn Sie, Herr Merkel, haben als erster das beinharte Profitraining in der Bundesliga eingeführt, Sie haben mit Zuckerbrot und Peitsche den Grundstock für die Erfolge des deutschen Fußballs gelegt.«
Als er auch noch erwähnte: »Waren Sie nicht auch Ernst Happels Trainer, dieser als Kicker Ihr Schüler?«, bot ich ihm aus freien Stücken an: »Sag Max zu mir!«
Erst aus der Hotelrechnung am nächsten Tag ersah ich, daß wir vier Flaschen vom teuersten Burgunder konsumiert hatten, alle waren auf meine Zimmernummer geschrieben.
Meiner Frau habe ich von der Sache nichts erzählt, aber ich zog daraus die Lehre: Meine Fans dürfen mich ruhig weiter mit ›Hallo Max!‹ begrüßen und jede Menge von Fußball verstehen. Das kommt mich billiger. Nur das lästige Schulterklopfen sollten sie bleiben lassen ...

Wie ich (Senioren-)Meister wurde

Welcher Tennisspieler kennt nicht das erregende Gefühl vor dem alljährlichen Klub-Turnier: »Diesmal pack' ich's, die ganze Gurkentruppe. Diesmal hole ich mir den Meister-Pokal!«

Lange vorher schon beginnt die Materialschlacht. Längst steht fest, welche zuvor meist völlig unbekannte Fetzen-Bälle-Fabrik diese Saison, unter Sprengung ihrer Bankkreditlinien, für den höchsten Scheck vom Tennis-Verband die Ölung für ihr ansonsten weithin unverkäufliches Produkt erhalten hat.

Ganz werde ich den Verdacht nie los, daß es sich dabei um in China billig eingekaufte, filzüberzogene, auffrisierte Pingpongbälle handelt. Jeder Windstoß treibt die Wuchteln auf den Nebenplatz, jede Berührung mit dem Schläger nehmen sie übel, segeln bei einem Stop in Spiralen ins Aus, verwandeln wie durch Magie deinen Schmetterball in einen kraftlosen Tröpfler, steigen dafür bei einem Lob wie eine Rakete auf Nimmerwiedersehen gen Himmel.

Hat der Vorstand in gewohnter Heimtücke entschieden, daß auch das Klubturnier mit diesen Krapfen auszutragen sei, heißt es dennoch damit üben.

Gleichzeitig wird das Schläger- und Bespannungsproblem aktuell. Dein 450-DM-Instrument wird von Klubkollegen verächtlich unter die Lupe genommen. »Also Max, mit dem alten Prügel? Nein, da kannst du gleich mit dem Kochlöffel antreten. Die Materialmüdigkeit . . .«

Dann biegen sie sich deinen Schläger übers Knie, daß die Beschichtungen krachen, und erklären dir: »Das Ding ist nur noch ein Umweltproblem.«

Aber da gibt's natürlich das neue Über-Mega-Super-Racket T 48 L 34 X oder so ähnlich. Eine Wunderwaffe (»Wu-Wa«), mit der Adolf Hitler doch noch seinen Krieg gewonnen hätte, ein Schläger, der gewissermaßen von selber spielt. Man darf ihn nur nicht in seinem Bewegungsablauf stören. Schon der dicke Rahmen ist beeindruckend, da erkennt selbst der Laie, wo die Schlagfläche zu Ende ist. Außerdem ist er natürlich »Groß-Size«, im Umfang einer mittleren Parabol-Antenne. Es genügt im Grunde, das Ding zum Kreuz der Serviceline zu schleppen, dann kommt kein Ball mehr dran vorbei.

Gewisse Unannehmlichkeiten bringt jedoch, wie dir hinter vorgehaltener Hand zugeraunt wird, die Umstellung mit sich. Denn nichts, was dein bisheriger Löffel dem Ball an Drives, Slices, Topspins etc. vermitteln konnte, kommt mit der neuen »Wu-Wa« auch nur entfernt ähnlich zum Tragen. Die wichtigste Eigenschaft des Leihschlägers, mit dem du es vorsichtigerweise erst einmal versuchst, besteht darin, daß er dir plötzlich das Gefühl gibt, Ivan Lendl, Stefan Edberg und Boris Becker in einem zu sein, noch mit einem Schuß McEnroe dazu. Du schießt sogar den Novatschek vorübergehend damit vom Court.

Wehe aber, dreimal wehe, läßt du dich nach so einer Sternstunde darauf ein, deine Kreditkarte zu zücken und so einen T 48 XL ..., der Teufel weiß, was noch, käuflich zu erwerben. Unter Garantie triffst du die Kugel nie mehr so wie früher. Deine Vorhand, Rückhand, ja selbst deinen viel bestaunten Schmetterball, vom Aufschlag gar nicht zu reden, das alles kannst du vergessen. Du fühlst dich wie ein völlig neuer Mensch am Platz, nur, der neue Mensch kann nicht mehr Tennis spielen.
Die Klubkollegen, die dir das Ungetüm eingeredet haben, erklären dir nun mitleidig: »Ja, Herr Merkel, wir beglückwünschen Sie, der Schläger ist einfach Spitze, aber eines müssen Sie schon in Kauf nehmen, korrekte Schläge sind bei diesem Präzisions-Instrument unerläßlich, dieses Rakket verzeiht keinen Fehler.«
Mit Glück und finanziellem Verlust findest du vielleicht einen, dem du mit genau dem gleichen Schmäh das Ding wieder verkaufen kannst. Reumütig kehrst du zu deinem alten Löffel zurück, gönnst dir eine neue Bespannung, gehst jeder Diskussion über die Wahl der Saiten – Darm oder Kunst, diese oder jene Marke –, aus dem Weg und fühlst dich schon wieder wie ein neuer Mensch, und der kann auch wieder Tennis spielen, soweit er es vor dem Schlägerwechsel überhaupt konnte ...
Leider sind die sorgenvollen Vorbereitungen für das Turnier damit noch nicht zu Ende. Man denke nur an das Schuh-Problem. Puma, adidas, Head, Nike, Reebock, Diadora und wie sie alle heißen, sie buhlen um deine Gunst und drücken, wenn du sie anziehst, gleichermaßen auf deine Zehen, erzeugen, solange sie nicht völlig ausge-

latscht sind, Blasen an deinen Fersen und haben Schuhbänder, die entweder zu kurz oder zu lang sind. Im Tie-Break bei 6:6 gehen sie während eines Sturms ans Netz todsicher auf, sosehr du auch überzeugt warst, sie diesmal zu einem unlösbaren Knoten verknüpft zu haben. Wenn du aber mal ein Schuhwerk dein eigen nennst, das nach gewisser Einlaufzeit allen deinen Vorstellungen und Anforderungen entspricht, kann es passieren, daß du es nach dem Duschen plötzlich nicht mehr vorfindest, dafür die schweißstinkenden Treter des Menschen, der, offensichtlich ganz »unbeabsichtigt«, die Paare beim Einpacken vertauscht hat.

Sind deine Materialprobleme endlich gelöst, hast du dich an die »Pennelli«-Kugeln, oder wie immer sie heißen, halbwegs gewöhnt, neue Schuhe gekauft, die erst während des Turniers beginnen werden, dir wunde Füße zu verpassen, dann kommt erst das Wichtigste: das Mentale!

Die innere Einstellung, das weiß ich vom Fußball her, entscheidet öfter, als man denkt, über Sieg oder Niederlage. Im Falle des hier geschilderten Turniers hatte ich mir fest vorgenommen, mein durch einige Debakel leicht ramponiertes Image kräftigst aufzupolieren. Leider mußte ich kurz vor der Auslosung zur Kenntnis nehmen, daß Novatschek offenbar von meinem »Biß« erfahren und feige gekniffen, sich gar nicht erst angemeldet hatte.

Zur Klarstellung muß ich an dieser Stelle bemerken, daß ich, altersbedingt, in der Gruppe der Senioren antrat. Aber Lorbeer ist Lorbeer.

Zurück zum Mentalen. »Um den Gipfel zu erreichen, darf man an nichts anderes denken »so, wie der buddhistische

Zen-Bogenschütze, der zuletzt eins werden muß mit Pfeil und Ziel«, verriet mir einmal Himalaya-Achttausender-Sammler Reinhold Messner bei einer TV-Talkshow, zu der wir beide geladen waren. Und in einem Sport-Lehrbuch las ich: »Große Leistungen kommen, wenn der Verstand so ruhig ist wie ein spiegelglatter See.«

Ich beschloß, an nichts anderes mehr zu denken. Als ich meine Frau vorsichtshalber darüber aufklärte, spiegelte sich seltsamerweise keinerlei Überraschung in ihrem Antlitz wieder.

»Ob du an nichts anderes denkst als an einen Fuß- oder an einen Tennisball, Max, das bleibt sich doch im Endeffekt gleich«, ging sie ungerührt zur Tagesordnung über.

Mein Ressort-Chef in Hamburg zeigte sich schon weniger relaxed. »Max, was für Gäule gehen plötzlich mit dir durch?« grollte er gewitterschwer ins Telefon.

»Wieso, was ist?« brummte ich geistesabwesend in die Muschel.

»Darf ich dir vorlesen«, fragte er, »was du in deiner aktuellen Kolumne schreibst?«

»Du darfst«, gewährte ich ihm gedankenverloren die Bitte.

»Also, dann höre mal: ›Wer hätte das gemacht! Beim gestrigen Spiel des FC Bayern verfehlte Augenthaler gleich zu Beginn trotz eines Traumlobs das Tor der Bremer. Sein Schmetterball in der 20. Spielminute ging wiederum knapp an der Vorhandecke des gegnerischen Tormannes vorbei. Dafür servierte Wohlfahrt bei dem Freistoß in der 44. Minute knallhart ein As zum 1:0, während der stark unterschnittene Slice von Laudrup in der 54. Mi-

nute eine leichte Beute des auf der Grundlinie sehr sicheren Bremer Torwartes wurde. Im zweiten Satz gelang Pflügler zwar ein Topspin, den nicht einmal Maradona ...‹ Max, bist du noch dran?«

»Ja, ja«, beruhigte ich ihn.

»Und wie findest du das?« schnaubte er.

»War wohl nicht mein Tag!« hörte ich mich sagen.

»Offensichtlich nicht«, tobte er weiter. »Ich will dir auch noch deine Bilanz des Spieles vorlesen, bevor ich in die Telefonschnur beiße: ›So werden die Bayern nie Wimbledon erreichen ...‹«

Man muß als Sportler auch Fehlschläge einstecken können. Vorsichtshalber bat ich meinen Ressortchef um ein paar Tage Urlaub, die er mir mit großer Begeisterung bewilligte. So konnte ich mich nunmehr, ungestört von beruflichen Nichtigkeiten, voll auf mein Ziel, den Gewinn des Pokals, konzentrieren.

Der Tag der Auslosung des Spielplans – wer kommt in der ersten Runde gegen wen – brachte mir bereits einen unerwarteten Erfolg. Mit einem Freilos rückte ich, ohne mich erst auf den Platz bemühen zu müssen, um eine Runde weiter.

»Man muß die Feste feiern, wie sie fallen«, erklärte ich meiner Familie, genehmigte mir ein Fläschchen vom Besten und rief den Novatschek an, um ihm mitzuteilen, daß ich mir diesmal rücksichtslos den Weg zur Spitze freikämpfen würde.

Er wünschte mir viel Glück und versprach, sich das Finale nicht entgehen zu lassen. Dann langweilte er mich allerdings mit einer kurzen Auflistung meiner Stärken und der

etwas längeren Liste meiner Schwachpunkte, zu deren völliger Beseitigung es in diesem Leben zwar schon zu spät sein dürfte, aber wenn ich meine Taktik entsprechend...
»Warum habe ich diesen Menschen nur angerufen?« knirschte ich, als ich nach endlosen Minuten den Hörer endlich auf die Gabel knallen konnte.

Wer mich kennt, weiß um die Geschichte von dem Glücksvogerl, das immer wieder dorthin macht, wo es schon einmal... Die zweite Runde bescherte mir erneut ein Vorrücken. Mein Gegner befand sich in ausgezeichneter Verfassung, verfügte über ein reiches Schlag-Repertoire, aber meinen ungewöhnlich druckvollen Angriffsbällen war er nicht gewachsen, auch brillierte ich, wie gewöhnlich, am Netz. Mit 6:2, 6:4 schickte ich ihn in die Garderobe zurück.

Entsprechend aufgebaut, stellte ich mich in der dritten Runde dem Vorjahrs-Seniorenmeister. Mit meiner psychologischen Kriegsführung hatte ich keinen Erfolg. Die Bemerkung, daß ich in Hochform sei, überhörte er glatt. Selbst der beiläufige Hinweis vor dem Spiel, daß ich seine Frau mit dem Tennislehrer unlängst in einem ›In‹-Lokal gesehen hätte, entlockte ihm nur ein hoffnungsfrohes Lächeln: »Glauben Sie, Herr Merkel, es ist endlich was Ernstes? Was würde ich dafür geben, wenn der Mann mir meine Ehelast endlich von Tisch und Bett nehmen würde.«

Die Strafe für sein unglaublich zynisches Verhalten traf ihn auf dem Court. War es meine hervorragende mentale Einstellung, meine ausgezeichnete körperliche Verfassung oder auch nur die Tatsache, daß der Altmeister an einer

unbedeutenden Verletzung laborierte, einer Bänderzerrung, die ihn gezwungen hatte, sich seinen rechten Fuß in einen Zinkleim-Verband wickeln zu lassen, was soll's, ich packte auch diese Hürde mit 6:4 und einem glücklichen 7:6 im Tie-Break (8:6). Schlußendlich aber doch hochverdient, wobei mir beim letzten Punkt ein Netzroller gelang, von dem mein Partner partout nicht glauben wollte, daß er das Produkt jahrelanger Übung war.
Damit stand ich im Halbfinale. Nun gab es kein Halten mehr, ich walzte auch meinen nächsten Gegner nieder, wobei sich bereits Zuschauermassen um unseren Platz drängten, die mich oder den Gegner anfeuerten und zeitweise sogar nach dem Fernsehen riefen, um dieses Spiel einem breiten Publikum zugänglich zu machen.
Zuletzt beschämte mich mein Rivale mit den Worten: »Herr Merkel, ich dachte immer, Sie können nur Fußball spielen, aber diese Zähigkeit auch in der Verfolgung eines so kleinen Balles, das beweist, daß Sie der geborene Allround-Spitzensportler sind.«
Das gab mir so viel Auftrieb, daß ich anderentags in einer Sternstunde meiner Tennislaufbahn tatsächlich das Finale gewann.
Niemand soll mich fragen, wie. Ich weiß es bis heute nicht. Es war einer jener Tage, wo einem alles gelingt. Wo immer ich hinlief, dort war der Ball. Wo immer ich die Kugel hindrosch, sie landete fünf Zentimeter vor der Linie im äußersten Eck oder auf dem Band. Am Netz vollierte ich Bälle, die mein Gegner aus einem halben Meter Entfernung voll durchgezogen die Linie entlang schoß. Jeder Lob saß, jeder Smash war ein Punkt.

Unter dem Jubel nahezu des gesamten Klubs verwandelte ich den ersten Matchball zum Sieg.
Als mir mein Gegner fair und anerkennend die Hand drückte, die Menschen rundum applaudierten, mir auf die Schulter klopften, sogar der Novatschek eine Träne der Rührung im Auge zu haben schien, als er mir gratulierte, erlebte ich ein Glücksgefühl wie damals, als im Stadion von Atlético Madrid die Schreie ›Viva Merkel‹ aus 80 000 Kehlen das Beton-Oval zum Zittern brachten.
Gesalbt und geölt von Anerkennung meiner Leistung saß ich abends dem Familientisch vor. Der Pokal stand auf dem Tisch, ein Fläschchen vom Besten und meine Leibspeise, Wiener Schnitzel mit Erdäpfelsalat. Marion hatte eine Kerze angezündet. Als ich mich in wohliger Zufriedenheit zurücklehnte, lobte mich sogar meine Frau: »Max, du bist auch im Tennis der Größte.«
Der Tag hätte als einer der schönsten meines Lebens in meine Erinnerung eingehen können. Da fragte Maxi mit vollem Mund und dem unschuldsvollen Blick, den sie immer aufsetzt, bevor sie mich mit einer ihrer Bemerkungen ins Mark meiner Eitelkeit trifft: »Paps, hat eigentlich bei dem Turnier, das du gewonnen hast, der Novatschek mitgespielt?«
Ich beherrschte mich, seitdem aber weiß ich: Man muß nicht nur verlieren, man muß auch gewinnen können, ohne danach ins Racket zu beißen.

Ein Herz für Novatschek

Meine Damen, meine Herren, so laßt mich das Glas erheben auf die erfolgreich abgeschlossene, zurückliegende . . .« Das Abschiedsfest unseres Klubs zum Saisonende findet in so feierlichem Rahmen statt, daß manche Herren sogar mit Krawatte, Damen im Glanz ihres Schmuckes erscheinen, den sie zumeist dem schlechten Gewissen ihres fremdgegangenen Ehemannes zu verdanken haben. Die Tennisschläger sind zu Hause geblieben, statt heiße Matches auszutragen, werden Reden geschwungen. Und da brillieren plötzlich Leute, die auf dem Platz mit ihrem Spiel sogar die Fliegen verscheuchten.

Da ist der Vizepräsident, der sich freut, daß auch der Präsident da ist und der dritte Bürgermeister der Stadt, der Herr Abgeordnete, der Herr Konsul von Hondurica, der Herr Präsident von der Stiftung zur Förderung linkshändiger Tennisspieler, der Herr Doktor X, der Herr Doktor Y und natürlich, last not least, was immer das heißt, der Herr Doktor Z. Der Herr Gemeindesekretär von der Partnerstadt Camarcheflouge oder so ähnlich, wird mit Freude begrüßt, und sogar ich, Max Merkel, bekomme mein Begrüßungsfett weg: »Wir freuen uns auch, daß der uns vom Fußball so bekannte und geschätzte . . .«

An dieser Stelle tritt mir meine Frau meist heimlich auf die Zehen und ärgert mich: »Vom Fußball her bist du bekannt, Max, nicht vom Tennis.«
Kaum hat der Herr Vizepräsident seine Rede abgestottert, ergreift schon der Kassier das Wort und freut sich, daß der Vizepräsident da ist und der Sportwart und und und. Dann kommt der Sportwart dran, der sich wiederum freut, daß der Kassier da ist, bis zuletzt der Herr Präsident sein Glas mit dem Suppenlöffel zum Klingen bringt und sich seinerseits freut, daß alle anderen da sind, besonders aber der Herr Vizepräsident, der Herr Konsul, der Herr dritte Bürgermeister ...
»Max«, trat mir Marion wieder unter dem Tisch auf meine ohnehin schon wunde Zehe, »schau, da drüben sitzt der Novatschek.«
Tatsächlich, da saß er, allein an einem der letzten Tische, vor seinem Weinglas und blickte leicht verloren in die frohsinnige Runde.
»Schau mal, Max, wenn ich ihn so ansehe, eigentlich ist der Novatschek doch ein netter Mensch«, erklärte sie mir weiter, »nur du sprichst immer so schlecht von ihm.«
»Der Novatschek ein netter Mensch? Weib, du weißt nicht, was du sprichst«, trat mir sofort der Schaum vor den Mund. »Weißt du, mit welchen ekelkhaften Tricks dieses Monster von einem Tennisspieler mich die ganze Saison hindurch nicht einen Satz hat gewinnen lassen?«
»Max, bleib fair, du sagst doch immer: Warum spielt man? Weil man gewinnen will. Auch der Novatschek hat ein Recht auf ...«
»Marion«, unterbrach ich sie, »wir sind hier zu Frohsinn

und Geselligkeit, dieser Mensch hat mich das halbe Jahr über gequält, meine Stimmung getrübt, mein Selbstvertrauen zerstört, können wir ihn nicht wenigstens jetzt, beim Abschiedsfest der Saison, vergessen?«

Doch ein gewisser Instinkt ließ mich, nach so vielen Ehejahren, vermuten, daß Marion in Sachen Novatschek noch nicht das letzte Wort gesprochen hatte.

Tatsächlich hub sie nur Minuten später wieder an: »Schau mal, Max, da werden so viele Reden geschwungen, alle möglichen und unmöglichen Leute begrüßt, aber noch niemand hat sich gefreut, daß der Novatschek da ist.«

Meine Frau versteht es, bei mir versteckte, zarte Saiten zum Klingen zu bringen.

Zwar verweigerte ich ihr jede Antwort, doch aus den Augenwinkeln beobachtete ich im weiteren Verlauf des Festes meinen Erzrivalen auf dem Tennisplatz.

Da saß er, nippte hie und da am Glas, hatte eine legere Klubweste an, ich registrierte: Keine feierliche Krawatte, während der unzähligen verworrenen Reden spielte manchmal ein Lächeln um seinen Mund, genau an den Stellen der Rede, an denen ich mir auch das Grinsen nicht verkneifen konnte. »Eigentlich«, schoß es mir durch den Kopf, »weißt du überhaupt nichts von diesem Novatschek. Beruf? Irgendein Computer-Shop, so was erwähnte er jedenfalls einmal in der Garderobe. Aber es war die ganze Saison über immer nur zum gleichen Gespräch nach dem Spiel gekommen. Ich erklärte ihm, warum ich gerade heute einen so schwachen Tag gehabt und deswegen verloren hatte, er tröstete mich mit Be-

merkungen wie: »Aber Ihre Vorhand, Herr Merkel, ist wirklich super« oder: »Mein Gott, Herr Merkel, wenn ich nur so einen Schmetterball beherrschen würde wie Sie ...« Das war's. Ich wußte nicht einmal, ob der Typ verheiratet war, Kinder oder wenigstens eine hübsche Freundin hatte!? Jetzt trat ich meinerseits Marion auf die Zehen.

»Glaubst du, daß Novatschek verheiratet ist oder eine Freundin hat?«

»Wie ich Männer kenne«, ätzte sie zurück, »hat er vermutlich beides.«

Hm, so übel sah der Bursche gar nicht aus, bei näherer Betrachtung, ob er wirklich so ein Hallodri war wie Marion ...? Ich merkte, wie er der Serviererin auf die Beine guckte: ein stilles Wasser, dieser Novatschek?

Mehr und mehr fand ich bei näherer Betrachtung den Typ gar nicht so unsympathisch.

Als der letzte Redner seine Begrüßung endlich zu Ende gestottert hatte, jeder jeden begrüßt und sich jeder über nahezu jedermanns Anwesenheit namentlich entzückt hatte, erhob ich mich zu meiner vollen Größe, schritt durch die Tischreihen zu meinem Erbfeind, reichte ihm die Hand und tönte unüberhörbar in den Saal: »Ich freue mich, daß Sie hier sind, Herr Novatschek.«

Worauf, nach einer kurzen Schrecksekunde, geradezu frenetischer Applaus aufkam.

»Danke, Herr Merkel«, sagte er bescheiden, »ich freue mich auch, daß Sie da sind ...«

Wir tranken ein Glas zusammen, kamen in ein vertrautes Gespräch, das klarerweise zuletzt doch wieder auf den ewigen Tennis-Ärger hinauslief.

Zum Abschied riet er mir: »Versuchen Sie's doch mal mit Golf, Herr Merkel.«
Das hätte er lieber nicht sagen sollen.
Als ich zu meiner Frau zurückkam, strahlte sie mich an und sagte: »Siehst du, der Novatschek ist doch im Grunde ein netter Mensch, sonst würde doch ein Max Merkel auch nicht das ganze Jahr über mit ihm Tennis spielen.«
Geschmeichelt nickte ich Zustimmung, schränkte aber ein: »Eines verspreche ich dir, Marion, bevor ich diesen netten Novatschek im Tennis nicht endgültig in drei Sätzen zur Schnecke gemacht habe, fange ich nicht mit Golfspielen an.«

Name:	Max Merkel	
geb.:	7. 12. 1918	
Beruf:	Maschinenbau-Elektrotechniker	
Aktiv:	1934–1954 bei Rapid Wien	
Trainer:	1954	in Den Haag – HBS, Holland (ab 1. April)
	1954–1957	Holländische Nationalmannschaft
	1957–1958	Rapid Wien (Österreichischer Meister)
	1958–1961	Borussia Dortmund (Vizemeister)
	1961–1967	1860 München (Süddeutscher Meister 1963 – Pokalsieger 1964 – Europapokalfinalist 1965 – Deutscher Meister 1966)
	1967–1968	FC Nürnberg (Deutscher Meister 1968)
	1969–1971	FC Sevilla (3. und 6. Platz)
	1971–1973	Atlético Madrid (Pokalsieger 1972 – Spanischer Meister 1973)
	1974	Schalke 04
	1976	1860 München und FC Augsburg
	1980	Sportdirektor des Österreichischen Fußballverbandes Organisation der WM ’80 in Argentinien
	1981/82	Karlsruher Sportclub
	1983	FC Zürich (April–Juni)

Kolumnist für *BILD*, auch für *Spiegel*, *Playboy*, *Kronen Zeitung Wien*, *Blick Zürich*

Bücher: *Mit Zuckerbrot und Peitsche*
Geheuert – gefeiert – gefeuert
Das Runde ist der Ball

Efalin, 263 Seiten, ISBN 3-7766-1566-4